教育部"211工程"三期建设重点项目

中国社会转型期的文学与文论

社会转型与文学研究丛书

主编：高楠

重大历史变革时期的文学演变

——春秋转型时期孔子的礼乐思想与文学观

毕宝魁 著

文化藝術出版社
Culture and Art Publishing House

总　序

高　楠

　　中国正经历着文学与文论大规模建构的风暴，先前的一套稳定的模式，在质疑与批判中松动、解构、重组。问题的复杂性在于这质疑与批判的主体力量，又恰恰是在先前稳定的模式中确定其学术基业的学者，他们是在进行着营垒中的反叛，他们揭竿而起。他们所质疑与解构的，恰恰是他们的学术本体。那么，他们何以进行这种近乎于自戕式的批判？在这个过程中，精英防线在作了一番艰难的守护中终于溃决；大众喧嚣不已的呼声经由当代传媒的鼓噪，发出大潮奔涌般的强力，把文学推上市场的旷野；文论面对大众文化带来的文学骤变，时而激愤，时而避闪，时而失语，又时而逐流；历史的回声被现代性狂欢阻断，后现代的晨钟又以回声的方式震动历史；全球化进程把大洋彼岸的季风带入焦渴的理论荒丛，民族特色的寻觅又使那季风转化为本土的春潮……这样的描述性话语并非表述激越的诗意，它只是文学与文论状况的诗意表达的现实。在这样的现实表述中，一个理论追问再次袭来——它们何以会如此？

　　这一切，都须在社会转型的历史语境中求解。

　　毋庸讳言，当下，中国正经历着声势浩大的社会转型。在这一转型过程中，很多方面，包括无数的生活的枝梢末节，也都在潜移默化地变化。人们身在其中，因变而变，随变而变。当随着时光推演这样一步步地在变中前行时，人们只觉得每一步都和前一步不同，却感觉不出一个巨大变化的轨迹。然而,经过三十年步步前行,回首走过的路,才深刻地感受到这是怎样的一段陡转崎岖的路,又是怎样的一段意义重大的历史。而这一代人又正是这一段路这一段历史的参与者、思考者、创造者。这使从事学术研究的我们感到有责任记述这一段历史,求解这一段历史,阐释这一段历史。其目的不是留下我们的思考——任何时代任何人都有思考,却未必都是有价值的思考,而是留下这段思考的历史,是思考着的这段社会转型期的历史。

　　社会转型引发的社会变革,当然也可以说,社会变革带来的社会转型,其牵动无所不在。社会转型就其深层根据而言,是既有社会控制、协调、管理的体制及支撑着这一体制,使之成为这样的体制而不是另一种样式的体制与社会存在与发展的系统性的动因间发生了严重的矛盾,在这一矛盾体中,由于后者是一种历史性的物质力量,是基础性的、发动性的、无可阻挡的力量,因此它具有充分的实现性,而此前它所支撑的社会体制,则是使其实现或阻碍其实现的被实现或不被实现(被否定)的条件性存在,即是说,社会体制相对于社会的原生动力而言,前者是后者得以实现的条件。这种关系,用经典的说法,便是生产力与生产关系,经济基础与上层建筑的矛盾关系。经典的说法是更具概括性的说法。当体制的条件状况在总体上成为社会原生动力或物质性力量的压抑条件状况或否定条件状况时,前者的总体性的改变就无可避免。这时,任何局部修补都无济于事,整体性的体制调整,便成为社会转型的基础性需求。而顺应这种原发性物质力量需求向既有社会体制发起变革性思考及运作的人,便是社会变革的先行者,这样的先行者见于代表性思想,便是启蒙家,见于代表性行为表现,便是改革家,见于政治发动,便是社会转型的领导者。时下中国正进行着的社会转型,便是应社会发展的原生动力的需求,由国家决策部门所政治地发动的,由启蒙的思想家们所精神地或意识形态地阐发的,由众多领域的改革者所实践的历史与时代在矛盾中不断融合的多元化转型。

　　随着社会体制(经济体制、政治体制)变革而相继发生的,是社会结构的变革,这一变革是既有社会体制向各社会领域延伸的细化结构的解构，同时也是在体制改革带动下的新的社会结构的建构。这样的解构与建构过程因其细化而成为人们切身于其中的过程，每个人都被带入其中并且在其中成为过程的构成者，每个人又在过程的构入中成为具体的实践者。这是康德所说的实践理性的运作者，大家在实践理性的运作中，变更着先前的行为模式，松解着先前的行为系统，大家又在行为系统的变动中与规定着实践行为取向的社会价值体系相遇，与新构成的行为模式相遇，同时，也与因社会的结构性变化而引起的变化了的社会关系相遇。这些在社会体制与结构的变革中与每一个人相遇的外部力量，或每一个人都在其中的外部构成性力量，经由实践内化为人们的相应于社会转型的思想意识，人们对眼下发生的一切，据此而思考、而判断、而评价、而言说议论。思想家们在思想上启动着这一过程，又凝敛与提升这一过程，由此形成着社会转型期的思想理论。

　　这套"社会转型与文学研究丛书"的出版，是国家教育部十一五"211工程"学术立项"中国社会转型期的文学与文论"研究的标志性成果的集结。该项目从文学与文艺理论的角度进入社会转型期的思想理论建构与系统阐释。像其他思想理论领域一样，文学及文论的理论思考也是一个历史的前承后继的过程。当然，思想理论的前承后继并不是线型延续的过程。由法国哲学家米歇尔·福柯所提出并示范式地运用的谱系学方法，在后来者的进一步发挥与阐发中，已成为一套有很大学术沿用价值的方法论，这种价值来源于它合于历史的发展状况，并因此成为开启与思考历史过程的根据。谱系学的一个重要看法，就是认为历史的延续性不是连续的、绵延的，而是断裂的、跳跃的，历史的延续性是实现于具有某些基本相似点的不同历史时期的跳跃式回放、复制与基本相似点的递变中。如先秦时期的社会转型、初唐时期的社会转型均引发了社会关系的巨大变化，其中一个重要问题便是个人与他人与家国社会的关系，两次转型的发力点与着力点都与这个问题密切关联，并且在这一问题上表现出明显的历史延续性——人的个体能动性被强烈地激活、肯定，人的被禁锢的思想得以自由释放，不过这种被激活被释放的个性自由却没有像西方文艺复兴那样，转入以平等为自由尺度的独立的个性发展与张扬，而是被导入复杂的人伦之中，强化着家国共体的人伦秩序。由既有人伦基点出发经社会实践转入个性激发，再将这激发的个性能量回落于进一步建构的人伦秩序，从先秦至初唐的两次社会转型跨越数百年的历史断带，实现着社会的基点性延续。

基于这样的历史延续性的理解，本选题把先秦至今不同历史时期的社会转型作为关注与学术取向的要点，把不同社会转型期的文学与文学状况作为研究对象，提示社会转型与文学与文论的内在联系，这样，文学与文论的一些基本问题、基本范畴，如诗言志问题、诗的兴观群怨的社会功能问题、诗的情感本体性问题、诗法及技巧问题以及诗的乡土母题、人生序位母题、生命体悟母题、爱情母题等，都跳出就这类问题去思考求解这类问题的传统研究方法，而是将之放入各自所属的社会转型时期，深入到社会转型的体制、结构、行为系统、思想意识层面，抓住期间的历史批判力量，不同社会层面的结构系统与行为系统的演进过程及演进形态，梳理并阐释与相应的历史批判力量、系统演进过程及其形态相应的思想意识，揭示这些社会因素是如何以其转型变化影响文学与文论，形成既有文学与文论的批判与解构，并进行新的文学与文论的提升与建构的。

文学及文论，有自己的系统性，有自己的内在规定性，也有自己的演进变化规律，深入进去，进行文学与文论的自身研究，这是此前经常被用到的研究方式，亦即向文学及文论本体内敛的研究方式。然而，文学及文论的自律同时又是他律的，而且是他律的自律，它总是被规定的，规定它们的是它们在其中的更大的社会文化系统，后者是它们得以如此的条件，是它们被特征化的语境。这种情况决定着文学与文论的任何状况的出现，任何命题、判断及范畴的形成与提出，都需要在更大的社会文化系统中寻求动因与根据，这不仅是个方法问题，这更是原本如此的规定。既然如此，与本体内敛的研究方式相对应，就必须向着社会文化系统进行外延式研究，使文学及文论问题，在其由社会文化系统所织就的周边网络中得到构成性研究，并由此揭示其何以如此是何以如此为的根据。本套系统著作，正是基于这样的思路，把文学与文论的各种基本问题及焦点性问题，放到不同历史时期社会转型的条件性背景中予以求解。这样，文学及文论与社会体制、社会结构、社会行为系统、社会思想意识的关系便得以还原，便走出了传统的偏重于文学及文论的封闭的、孤立的研究状况，具体化着有机整体的、动态的、互动生成的研究方法。

还须指出的是，本套系统专著，在其研究与著述中，有意识地强调其当下中国社会转型的立足点，从当下的时代现实出发，坚持问题意识，确认在当下社会变革中文学与文论所面临的难点与焦点问题，在社会转型的不同历史阶段中，通过向着当时的社会文化系统，在本体内敛式研究的同时，努力开阔视野，进行条件性与语境性的外延式研究，以此求得文学与文论的历史问题的时代解答；同时，又把这一解答置入相应历史时期的社会文化系统中去，形成历史与当今时代的互生互动。就拿全球化进程来说，这是具有当下特征的社会进程，它本身就是中国社会转型的代表性体现。对于这一进程的学术投入，便使得文学与文论的既有的各种问题都获得更为广阔的背景参照，而在这样的背景参照下，既有问题便发生了视角、意义、侧重点以及提出问题的方式的变化。比如传统的意境问题，此前所进行的多是其意蕴考据及破解性的研究，而在全球化视野中，与西方的逻辑思维方式相比，它成为具有中国文学与文论的传统特色乃至根基特色的问题，它充分地体现着中国传统所特有的、有机整体的、浑融的、流动变化的、互动互生的思维方式及表述方式，于是，意境这一传统问题，便在当下时代高度上从文化根基与中国特色的思维方式角度被强调地提出。

本套系统专著的标志性成果见于十个方面，这十个方面，勾勒出中国社会转型的不同历史时期文学与文论的代表性问题。这十个方面即：改革开放三十年中国文论建构、当代社会转型中的文学理论热点问题、西论中化与中国文论主体性、中国文论与文学的现代性、中国新时期文学三十年、大众传媒时代的文学及传播形态、中国现代时期的文论建构、历史变革中的文学经典研究、历史转型期的文体演进、春秋转型期孔子的礼乐思想与文学观。这十个方面,均抓住社会转型的历史语境,均突出文学与文论与其社会文化语境的关联性并将之作为思考的要点,均在社会文化语境与文学及文论的历史关联性中确定有历史代表性的文学与文论命题,并且均在社会转型的历史与现时语境中对这些命题予以论证和求解。这里涉及史论兼用的问题、社会文化的历史追问问题、文学与文论的理论基点问题、全球化进程中中国文学与文论的特色开掘问题、文学及文论传统的当下转换问题、文学及文论的现代性问题等。这些问题,都是当下文学与文论建构的焦点问题,每一步思路展开都富于挑战性与开拓性,每一部成果的产生都显现着中国学人的学术责任感与社会责任感,都验证着建构中国文学与文论的学术功底与智慧。

目 录

引 言 ………………………………………………………………… 1

第一章 春秋前的社会历史演进 ……………………………… 4

  第一节 传说中的三皇五帝时代 ………………………………… 5
  第二节 夏代家天下的历史必然 ………………………………… 10
  第三节 夏商两代的社会制度与形态 …………………………… 15
  第四节 西周礼乐制度的完备 …………………………………… 19

第二章 孔子面临的历史环境 ………………………………… 26

  第一节 平王东迁的历史转折 …………………………………… 26
  第二节 异族文化的冲击与威胁 ………………………………… 30
  第三节 周王室内乱频仍 ………………………………………… 35
  第四节 礼乐依然是社会主流意识形态 ………………………… 38
  第五节 礼乐是春秋时期政治家普遍坚守的信念 ……………… 42
  第六节 当时还没有新型的文化与政治制度出现 ……………… 46

第三章 孔子的社会政治理想 ………………………………… 50

  第一节 大贵族的后裔 …………………………………………… 50
  第二节 孔子生年与生日 ………………………………………… 57

一、农历生日就是错的 …………………………………… 58
　　二、最重要的文献 ………………………………………… 60
　　三、《春秋左氏传》为何不记孔子生日 ………………… 63
　　四、司马迁的说法及其他 ………………………………… 65
　　五、天文学的有力佐证 …………………………………… 66
　第三节　孔子成为礼乐文化权威的主客观原因 …………… 68
　第四节　拯救天下与人类的深心 …………………………… 72
　　一、不局限于宗国的全天下观念 ………………………… 74
　　二、孔子离开鲁国的深层原因 …………………………… 77
　　三、知难而进的坚定信念 ………………………………… 81
　　四、笔削《春秋》的深心 ………………………………… 85
　第五节　全面继承前代的优秀文化 ………………………… 89
　第六节　积极寻找从政机会 ………………………………… 92
　第七节　实行仁的具体途径 ………………………………… 95
　第八节　孔子理想中的"大同"与"小康" ……………… 99

第四章　孔子美学思想与文艺观的总体观照 ………………… 102
　第一节　"依于仁"的意蕴 ………………………………… 102
　第二节　"兴于诗"之重要意义 …………………………… 111
　第三节　"游于艺"之实质 ………………………………… 114
　第四节　"成于乐"之要义 ………………………………… 116
　第五节　《论语》中的文学 ………………………………… 119
　第六节　文质并重观念的贡献 ……………………………… 122

第五章　孔子文艺观对于"真"的高度重视 ………………… 125
　第一节　"思无邪"的本质意蕴 …………………………… 125
　第二节　"绘事后素"的文化意义 ………………………… 128
　第三节　"兴观群怨" ……………………………………… 131

第六章 孔子文艺观对于"善"的重视 ································ 140

第一节 "善"与"美"的联系与区别 ······························ 140

第二节 "惩恶扬善"是艺术的主要功能 ························ 144

第三节 强调文艺干预生活的功能 ································ 146

第四节 正确处理善与美的关系 ···································· 150

第七章 孔子对于文艺"美"的感悟与阐释 ························ 153

第一节 孔子对于审美享受的肯定 ································ 153

第二节 孔子具有很高的音乐修养和才能 ····················· 160

第三节 孔子曾下苦功学习音乐 ···································· 163

第四节 孔子对自然美的发现与感知 ···························· 166

第五节 孔子文艺观的总体特征 ···································· 168

第八章 孔子文艺思想的地位和影响 ································ 173

第一节 孔子及儒学对中国文化的影响 ························ 173

第二节 孔子以及儒学在汉代的影响 ···························· 175

第三节 儒学笼罩下的汉代文艺观 ································ 178

第四节 孔子文艺观的核心内容与贡献 ························ 182

后 记 ·· 185

引 言

世界发展到今天，全人类面临着同样的困境，战争问题、资源问题、气候问题、环境问题、金融问题、健康问题都不再是某个国家某个地区或某个人的问题。一个人打喷嚏，全世界人都应该戴口罩，这不是危言耸听，而是现实的状况。科技的飞速发展已经把地球变得十分狭小，简直就是一个村庄，一只公鸡打鸣，全世界的人都知道天亮。

这样，全世界的人类便都被捆绑在一起，或共同发展，或共同灭亡，确实到了生死存亡的关键时期。因此，如何解决各国、各地区、各民族、各阶层的利益问题是如今面临的首要问题，社会科学需要解决的问题远比自然科学需要解决的问题更突出、更尖锐、更迫切。

美国历史学家斯塔夫里阿诺斯在《全球通史》中说："只要看看蒸汽机是如何在十九世纪改变了整个世界，看看内燃机在二十世纪中是如何发挥作用，再看看今天的核能和计算机是如何使我们的环境大为变样，你就不难理解爱因斯坦为何要警告我们：人类现在面临的要么是新的'思维方式'，要么是'空前的灾难'。关键问题似乎在于，在技术变革和使之成为必需的社会变革之间，存在一个时间差。造成这个时间差的原因在于：技术变革能够提高生产率和生活水平，所以很受欢迎，且很快便被采用；而社会变革则由于要求人类进行自我评估和自我调整，通常会让人感到受威逼和不舒服，因而也就易遭到抵制。"①

---

① ［美］斯塔夫里阿诺斯著，吴象婴等译：《全球通史》，北京大学出版社2005年版，第7页。

新技术立即被广泛采纳，而一项社会制度的变革却经常遭到强烈的抵制，这是可以理解的。因为新技术给人类带来普遍的进步，生产力的每一次提高，科学技术的每一次进步，都会给人类带来福音，所有人都是受利者，故普遍欢迎。而社会变革却总是在不同阶层的人群中会产生不同的利害关系。一般来说，既得利益集团往往反对社会变革，而社会最下层——受剥削受压迫最重的阶层总希望社会变革。古往今来，莫不如此。

人类面临的最大灾难来自人类本身。自从有文字记载的历史就可以证明：人类最大的灾难恰恰都出在社会科学而非自然科学方面。远的不说，就20世纪发生的两次世界大战来说，都是哲学界、思想界出现问题，为发起大战提供理论根据。一切人类种族优劣论、侵略有理论以及先发制人的战略都是最危险的思想。因此，民族平等、国家平等、和平相处，共同解决地球面临的一切问题才是目前全人类共同的出路。

1988年，在法国巴黎，75名诺贝尔奖得主齐聚一堂，他们发表宣言道：人类如果要在21世纪生存下去，必须回到两千五百年前去汲取孔子的智慧。

这是振聋发聩的宣言，引起全世界的关注，更应该引起中国思想界学术界的关注。毫无疑问，地球上没有任何力量可以消灭人类，只有人类可以毁灭自己。这种危险不是耸人听闻，是现实存在的。

当我们将世界所有文化因素都综合考虑的话，就会发现儒家思想对于解决这些问题是最好的思想，它温情脉脉，具有最强烈的最普遍的人文关怀色彩。儒家思想反对暴力，反对强权，反对不义战争，提倡仁义礼智信，提倡温良恭俭让，提倡恭宽信敏慧，提倡天人合一，提倡和谐中庸，没有民族偏见和种族偏见，这些都是解决当前世界危机的最好的思想与智慧。

儒家思想的开创人和集大成者便是孔子，因此研究孔子，研究孔子思想的本质内容，正确理解和阐释孔子思想便是弘扬儒家思想的重要前提，本书便准备用通俗的语言，阐释孔子思想产生的历史原因，孔子思想的主要内容以及对后世深远广泛的影响，并在此基础上研究分析孔子的文艺思想以及对后世的广泛而深远的影响。

　　孔子生活在中国春秋后期时代大变革中,其思想是继承上古三代而来,又开启后世两千余年而到现代,是中国文化五千年不间断的重要原因,也是中国五千年文化史的中间环节,因此孔子思想对于我们现代的思想建设便具有极其重要的意义与价值。在此基础上产生的孔子文艺思想对后世的影响深远而广泛,涉及文艺的各个方面。本书将对孔子文艺思想进行研究和阐释。

第一章　春秋前的社会历史演进

每个思想家都产生在特定的地理环境与特定的历史背景中，是特定时空，特定生产方式与意识形态共同孕育出来的。孔子也如此，他是古老东方，中国大地几千年文明孕育出来的伟大人物。

在介绍孔子生平与思想之前，我们必须抱着追根问底的探索精神，分析孔子思想产生的根源。"万物之起，必有所始"，孔子思想也不是凭空而来，不是神的创造，而是中国自古以来，在孔子之前几千年最优秀、最成功、经过历史验证的优秀文化成果凝聚而成；是经历三皇五帝时代的孕育，经过夏、商、周三代历史不断积累并不断验证的思想，经过孔子对其精华的提纯而来，后人评价孔子为"集大成"者，是很准确的。

地球是宇宙中极其渺小的一个物体，在浩渺无垠的星空中微不足道。"我们所在的地球围绕着太阳旋转，太阳只不过是我们银河系中上百亿颗恒星中的一颗。而银河系又只是整个宇宙几百万个星系中的一个。……比较好记的一个类比就是，地球在宇宙当中小得就像太平洋上的一粒尘埃。"①

虽然地球很小，但因为居住着我们人类，成为我们赖以生存的载体，便成为人类共同的家园。而人类的出现距今不过几万年而已。"早在40000年以前，人类，或者说智人（具有思维能力的人）终于出现了。而最近的考古发掘则显示，人类的出现比这一时期还要早得多。从最宏观的

---

① ［美］斯塔夫里阿诺斯著，吴象婴等译：《全球通史》，北京大学出版社2005年版，第4页。

视角来看，人类的出现是地球发展中的第二大转折点。第一大转折点是生命从无机物中脱胎而出。"①

只有人类才有思维能力，才有所谓的文化，文化是推进人类进步的催化剂。"人类，只有人类，能创造自己想要的环境，即今日所谓的文化。""具体地说，人类文化包括工具、衣服、装饰品、制度、语言、艺术形式、宗教信仰和习俗等。所有这一切使人类能够适应自然环境和人类相互间的关系。"②从某种意义上说，文化才是某一民族发展和赖以生存的最后一道风景。文化灭亡才是真正的灭亡，因此最有远见卓识的政治家和思想家都特别关注文化的建设与发展。应该说，全世界只有中国具有五千年没有断绝的文明，主要指的也是文化而非政权，这是非常关键的。

如上文所述，文化包括生产方式与生活方式，包括经济基础与上层建筑的全部内容，更具体说，包括劳动工具、饮食习俗、衣服配饰、社会制度、语言文字、艺术形式、伦理观念、宗教信仰、风俗习惯等。而这些文化的形成与地理环境有密切关系，由于地理环境为生活在那里的人群提供生活物质，长期的生活方式便会形成一定的文化。中国百姓有俗语说："靠山吃山，靠水吃水"，就是这个道理。孔子思想的形成，孔子社会理想的提出，是有很深远的历史渊源的。

第一节 传说中的三皇五帝时代

三皇五帝时期是实际存在的历史，但又是茫然不可确考的时期。康有为在《孔子改制考》说：

> 吾中国号称古名国，文明最先矣，然"六经"以前无复书记。夏、殷无征，周籍已去，共和前不可年识，秦汉以后乃得详记。而谯

---

① [美]斯塔夫里阿诺斯著，吴象婴等译：《全球通史》，北京大学出版社2005年版，第5页。
② [美]斯塔夫里阿诺斯著，吴象婴等译：《全球通史》，北京大学出版社2005年版，第6页。

周、苏辙、胡宏、罗泌之流乃敢于考古,实其荒诞。崔东壁乃为《考信录》以传信之,岂不谬哉?夫三代文教之盛,实由孔子推托之故。故得一孔子而日月光华,山川焜耀。然夷考旧闻,实犹茫昧,虽有美盛,不尽可考焉。①

康有为写作本书的目的是要证明孔子以前的历史是孔子假托的,尧舜以及三代的典章制度也是孔子假托的,批评两汉君臣对儒学继承发扬不纯正,其后致使"我华我夏,杂以魏、晋、隋、唐佛老词章之学,乱以氐、羌、突厥、契丹、蒙古之风,非惟不识太平,并求汉人拨乱之义亦乖剌而不可得,而中国之民遂二千年被暴主、夷狄之酷政耗矣,哀哉"②!

康有为强调孔子的作用,强调礼乐制度不是周公制作的,而是孔子托古创制的,这一点是不科学的,但他所说三代以前历史蒙昧不可确考则是正确的,但因为蒙昧不可确考便认为都是孔子托古而杜撰的则不可接受。三代前的历史虽然蒙昧不清,但有依稀的影子,是可以推知其大致情形的。正是孔子的讲学以及众弟子的传播,才使三代前的历史具有一定的线索,也进一步证明孔子是中国五千年文明史的中间环节,是承前启后的最伟大的人物。

夏朝建立以前,属于史前时代,即中国古人最为歌颂的"三皇五帝"时期。后来的知识分子对于当代政治强烈不满时便极力歌颂三皇五帝时期的幸福情景。关于"三皇五帝"的概念,古来说法不一。尤其是"三皇",在古代典籍中,共出现过五种说法,但我认为,伏羲、神农、燧人(或祝融)的说法似乎更合理一些,有的文献说包括黄帝,似乎不妥,因为黄帝属于五帝之一,不应该再包含在三皇之中。关于史前时代,孔颖达在解释《尚书》时说过一段话:

---

① 康有为著,姜义华、张荣华编校:《孔子改制考》,中国人民大学出版社2010年6月版,第4页。
② 康有为著,姜义华、张荣华编校:《孔子改制考》,中国人民大学出版社2010年6月版,第4页。

《广雅》曰：自开辟至获麟二百七十六万岁，分为十纪。则大率一纪二十七万六千年。十纪者，九头一也，五龙二也，摄提三也，合雒四也，连通五也，序命六也，循飞七也，因提八也，禅通九也，流讫十也。如挥此言，则苍颉在获麟前二十七万六千馀年。是说苍颉其年代莫能有定，亦不可以难孔也。然纪自燧人而下，挥以为自开辟而设，又伏牺前六纪后三纪，亦为据张挥、慎到、徐整等说，亦不可以年断。其况讫之纪，似自黄帝为始耳。①

已经把天地开辟到孔子后期之时间推衍到276万年以前。显然只是推测而已。但从黄帝开始，则属于古人记忆中的历史。

"古者伏牺氏之王天下也，始画八卦，造书契，以代结绳之政，由是文籍生焉。"②根据这些记载，可知伏羲氏是文字与八卦的发明者，但其最主要的贡献还是天文学。可以说，最初的科学主要表现在对自然的认识方面，而人们的生活与生产都离不开对于日月星辰的观察以及对其运行规律的认识。神农则是农业生产的发明者或者推广者，使人类从采集食物阶段进步到农业耕种阶段，这样才可以养活更多的人口，是人类进步的一大飞跃。燧人则是发明、使用火的先祖，如果按照人类历史发展的进程来看，我认为应该按照燧人氏、神农氏、伏羲氏这样排序。发现和利用火应该更早，而栽培农作物则应该晚于使用火，文字和八卦则更是进一步，一定是在人们能够利用火和有了耕种技术的农业之后。神农氏时代应该在距今七八千年时期，河姆渡遗址发现的农业生产工具以及粮食种子说明那个时代种植农业已经有一定的规模。伏羲氏应该在黄帝之前一两千年。而黄帝一般都认为在距今五千年左右。当然，各个时期究竟如何则无法具体考证，这三个传说中的古帝王应该是三个历史发展时期阶段性的记忆。

---

① 《尚书正义》，阮元：《十三经注疏》，中华书局1980年影印本，第113页。
② 《尚书正义》，阮元：《十三经注疏》，中华书局1980年影印本，第113页。

五帝则应该遵照司马迁的说法，是黄帝、颛顼、帝喾、尧、舜五个人。关于三皇五帝时代的社会状态究竟如何，我们无法解释很清楚，可能也无法理清了。如果说那是一种大道流行，天下为公的理想社会模式，则很难想象，我们不必否定其一定没有，也不必肯定一定会那样。因为那个时期生产能力水平极其低下，人们的物质生活水平一定也非常低下，吃饱饭便是幸福了。因此肯定不是人类最理想的社会形态。

　　但从另一个角度来看，因为生产力低下，剩余物资很少，只能满足一个族群的基本生活，这样，人们争夺占为私有的欲望便无从产生，人们必须相互依赖才能生存。这样互相支持、互相帮助便是很自然的情形，这样的生存方式和生活状态也会使人们都很素朴而很少机巧之心。这样，反而感觉精神不累，只要吃饱饭，有遮风挡雨之处所便感觉很幸福，没有高级乐器，敲击坚硬的土块也可以唱歌，吃饱饭便可以鼓腹而游，确实是一种无忧无虑的生活状态。所以，据说是黄帝时代的《击壤歌》唱道："日出而作，日入而息。凿井而饮，耕田而食，帝力于我何有哉！"①确实是一种完全自然的生存状态，在精神上应该很安逸。

　　还有一种因素也必须考虑，即最原始时代，人们是以一个族群为单位来共同生活的。所谓的母系氏族实际生活状态与现代大的狮群有类似点，几个雄壮的男性共同统治一个族群，而族群中以女性为首领，因为女性的子女知道母亲是谁而不知道父亲是谁，这样，一个族群的人便都有血缘关系，当然就会相互照顾，获取的食物当然就共同占有了。但在吃的时候肯定有先后，有优劣。而随着争夺生存空间，族群需要不断扩大，于是便出现部落。部落首领与本部落的居民也有血缘关系。因此其相互关心与照顾完全是出于本性。这种情形大概便是古人理想的社会模式。

　　如果仔细思考，中国是从夏代真正进入父系氏族社会的。但在进入父系氏族社会之前，应该有相当长的过渡时期。邵耀成先生认为，伏羲和女娲是中国古代进入父系氏族的源头。这种观点颇有启发性。他说：

---

① 逯钦立辑校：《上古先秦汉魏南北朝诗》，中华书局1983年版，第1页。

根据《礼记·婚仪》的说法是这样的："昏礼者,礼之本也。"也就是说,礼文化起始于婚礼这个制度的发明,而婚礼这个制度,又并不单纯是为了让男女配偶能长久地生活在一起,最主要的乃是让子女知道父亲是谁。在有婚姻制度之前,子女是不知道父亲是谁的。在中国的传说中,女娲是婚姻的创建者,有名的"女娲补天"可以解释为:由于在父系社会,父亲是天,子女不知其父,那就表示天崩了一个缺口,女娲创建的婚姻制度将这个崩缺填补上了,终于使中国有了父亲血统的承传制度。女娲在传说中是创建八卦的伏羲氏的配偶。因此这个传说给我们提供了两条臆测性的线索:一是婚姻制度发生的可能时期,一是八卦作为文化原型对礼的影响,导致我们以礼的眼球看世界。①

这样来解释"女娲补天"很新颖,仔细考虑也有一定道理在,但"炼五色石"等似乎便没有必要了。将女娲和伏羲作为人文始祖是可以接受的。而尧舜时期则应该是由母系氏族社会向父系氏族社会形态过渡变革的时期,是父系氏族社会逐渐成熟的时期。

还有一层关系也必须考虑进去,即人们的幸福感与物资生活水平有联系,但物资生活水平不是决定作用。决定作用是人际关系、家庭关系等社会环境。只要能够达到温饱,和谐完美的人际关系与社会环境便是幸福的关键。人的幸福感要在人际关系中得以实现。所以孔子发明并大力提倡的"仁学"便非常关键,意义极其久远而深刻。换句话说,通过仁建立起来的和谐的生活环境与人际关系才是幸福感的真正来源。如果跟谁都别扭,见谁都头疼,金钱再多也会孤独寂寞。

以现代感觉来说,现在五六十岁以上的中国人都经历过新中国成立初期的动荡与五六十年代之交的困难岁月,人们备受饥饿与贫困的煎熬,但

---

① 邵耀成:《孔子这个人》,台湾商务印书馆2010年版,第262页。

当时并没有感觉绝望,而社会治安也没有出现大的问题。现在物资生活与那时相比,虽不能说有天壤之别,也确实有相当大的差别,比那时丰富多了。但人们的幸福感并没有增加,反而感觉活得特别累,很多人都极其浮躁,焦躁不安而感觉没有情趣。不要说那时的人都愚蠢,现在的人都精明。何时都有愚蠢之人,何时都有精明之人。

因此,社会的道德指数甚至比物资指数更重要,孔子所说的"里仁为美",深刻处大概正在这里。而孔子终生追求的最大目标就是培养人们相互关怀的情怀,提倡仁义礼智信,提倡温良恭俭让,提倡恭宽信敏慧,如果人们普遍有这些道德修养,则会出现非常和谐美好的社会生活图景。这样就会出现"里仁"、"乡仁"、"国仁"、"天下仁"的环境。如果这样,所有的社会成员都会处在幸福之中,那该是多么幸福的人生,多么美好的社会,多么美丽的世界!

三皇五帝时期的历史是中国史前时期的后期,属于原始社会最发达时期,生产力水平已经达到一定程度,剩余财富开始出现,部落首领便不再愿意禅让,而开始出现传子制度,中国传子制度的开创者是大禹。

第二节 夏代家天下的历史必然

黄河是华夏民族的母亲河,黄河流域所孕育的农业文明使这里的先民们逐渐土著与定居,土著与定居便会形成以血缘关系为纽带的原始部落。这种部落也就必然以血缘关系建立社会秩序,这种秩序便是宗法制。农业文明与宗法制结合后逐渐形成了华夏民族的主要生活状态与文化特征。随着农业生产能力的缓慢提高,人们繁殖能力的增强以及能够养活人口数量的不断上升,对于生产食物的领地需求便不断扩大。当扩大到其他部落的领地时,争夺便是不可避免的了。这样,相邻近的几个部落往往经过斗争或者战斗形式而实现兼并,形成更大的部落。于是,生活在黄河流域的华夏民族的先民们便如同滚雪球一般逐渐强大起来,在中原地区首先出现较大的部落联盟,进入三皇五帝时期。

人类社会是不断发展的，人们获取生活资料的能力逐渐加强，而剩余财产就会逐渐增多，当剩余财产达到一定规模的时候，那些族群领袖或者部落首领便会产生强烈的占有欲望，并想把这些财产作为自己所有而传给后世子孙，欲达此目的，便只能将自己的领导位置同样传给后代，否则新首领是不会允许原首领的后代占有这些财产的。这样，禅让制度便必然被传子制度所取代。

大禹虽然把天子之位传给益，但诸侯不听益的，而去朝拜禹的儿子启。"十年，帝禹东巡狩，至于会稽而崩。以天下授益。三年之丧毕，益让帝禹之子启，而辟居箕山之阳。禹子启贤，天下属意焉。及禹崩，虽授益，益之佐禹日浅，天下未洽。故诸侯皆去益而朝启，曰'吾君帝禹之子也'。于是启遂即天子之位，是为夏后帝启。"① 其实，我们仔细阅读体会司马迁的《五帝本纪》，就会发现只有唐尧禅让给虞舜，虞舜禅让夏禹，才是传位给异姓。而以前从黄帝到尧都是在本家族内部传递政权，那种温情脉脉的禅让制度在中国历史上实际只发生过两次。

即使是禅让，而接受禅让者也都曾经将政权再让给禅让主人的儿子，可知无论从社会普遍心理还是接受禅让者本人，都认为传子是顺理成章之事。我们分别看唐尧禅让虞舜和虞舜禅让夏禹时发生的情况。

《史记·五帝本纪》记载尧禅让前后的情况说"尧知子丹朱之不肖，不足授天下，于是乃权授舜。授舜，则天下得其利而丹朱病；授丹朱，则天下病而丹朱得其利。尧曰'终不以天下之病而利一人'，而卒授舜以天下。尧崩，三年之丧毕，舜让，辟丹朱于南河之南。诸侯朝觐者不之丹朱而之舜，狱讼者不之丹朱而之舜，讴歌者不讴歌丹朱而讴歌舜。舜曰'天也'，夫而后之中国践天子位焉，是为帝舜②"。尧因为自己的儿子丹朱不肖而把天子之位传给舜。而舜开始时也将位置让给丹朱，但诸侯不朝觐丹

---

① （汉）司马迁撰，（宋）裴骃集解，（唐）司马贞索隐，（唐）张守节正义：《史记》，中华书局 1959 年点校本，第 83 页。
② （汉）司马迁撰，（宋）裴骃集解，（唐）司马贞索隐，（唐）张守节正义：《史记》，中华书局 1959 年点校本，第 30 页。

硃，诉讼者不到丹硃那里去，歌颂者也不歌颂丹硃而歌颂舜，于是舜才正式即天子之位。

舜禅让给夏禹的时候也如出一辙。同样是《史记·五帝本纪》记载："舜子商均亦不肖，舜乃豫荐禹于天。十七年而崩。三年丧毕，禹亦乃让舜子，如舜让尧子。诸侯归之，然后禹践天子位。尧子丹硃，舜子商均，皆有疆土[①]"，禹也像当初舜让尧之子丹硃那样让位给舜的儿子商均，但天下都归向大禹而离开商均。如果阅读《尚书·益稷》后，感觉虞舜传位给夏禹的时候倒颇有点逼宫的味道。

这些记载有一些矛盾之处，即舜即位的时候，曾避位而让尧的儿子丹硃，说明丹硃当时已经是成年人了。在舜将传位给禹的时候，丹硃应该是老年或者不在世了，还觉得丹硃是障碍而要先降职，不太合乎逻辑，或者是丹硃的儿子还差不多。

虞舜禅让夏禹时演奏的就是令孔老夫子"三月不知肉味"的《韶》乐。我们先把演奏《韶》曲的背景简单描述一下：天子虞舜主持仪式，出席者有法官皋陶，主管礼乐的大乐师夔，尧的后人丹硃，可能当初丹硃地位在大禹之上，还有百官和各部族首领，规模不小。其核心内容是让大禹汇报治理洪水的进展情况，并研究讨论治理天下之大事。虞舜先让大禹汇报，并尽情发表意见。大禹可能心中没底，便推辞说，我没有什么好说的，我终日只想着孜孜不倦勤勤恳恳工作而已。皋陶见状，有些着急，提示性地问大禹在干什么，大禹汇报说"洪水滔天"，百姓深受其害，自己艰苦卓绝，率领百姓治理洪水四年，后稷教百姓种田生产五谷，终于使百姓过上安定的日子。只有丹硃，不努力工作，享乐淫乱。于是皋陶宣布，对丹硃降职处分，和诸侯平列。

为表彰大禹治水的功劳，虞舜要求演奏最高级的《箫韶》之乐，于是夔亲自指挥演奏起来，"夔曰：戛击鸣球，搏拊琴瑟，以咏，祖考来格。

[①] （汉）司马迁撰，（宋）裴骃集解，（唐）司马贞索隐，（唐）张守节正义：《史记》，中华书局1959年点校本，第44页。

虞宾在位，群后德让。下管鼗鼓，合止柷敔（chu yu），笙镛以间，鸟兽跄跄。《箫韶》九成，凤凰来仪。夔曰：於！予击石拊石，百兽率舞，庶尹允谐"①。

球是石磬，是开始奏乐的信号。接着，乐师开始弹琴鼓瑟，伴随着悠扬的乐曲，歌者演唱起来。先祖仿佛也来欣赏享受。宾主各在其位，大臣和诸侯都很谦让。接着演奏起笛管类的吹奏乐，夹杂着鼓的声音，又与柷敔（类似梆子）和鸣，笙也开始响起，中间有和谐的鸟兽鸣叫的声音。当《箫韶》乐曲演奏将要结束的时候，形状参差不齐的类似凤凰形貌的最高级的笙开始演奏，出现极其美妙和谐的凤凰的鸣叫之声，乐曲的演奏在高潮过后渐渐收拍结束。就在乐曲演奏将到高潮的时候，各诸侯国带来的演员全部戴上本国特有的面具开始跳舞，于是夔兴致勃勃地宣布道："我开始敲击石球打击石磬后，百兽翩翩起舞，诸位大臣配合得极其融洽，演出非常成功。"

这里特别要注意"百兽"一词，有的书解释因为乐曲的旋律太优美，艺术感染力太强，使百兽感动而舞蹈起来。这是根本不可能的，我们现代的驯兽师要经过何其艰苦的努力才可以使一两种动物能够随着特定的音乐做一些简单的动作。几千年前的人们怎么会达到如此高的水平呢？何况在如此严肃的会场怎么会带进去那么多野兽？

当时实际处在各原始部落松散联盟的阶段，每个部落必有自己的旗帜，往往有自己的图腾，而绝大部分图腾是鸟兽。因此，每个部族的演员便佩戴代表本部落的部徽或是该图腾的面具，这样就会有许多佩戴不同鸟兽面具的人参加到舞蹈的队伍中来。"百兽率舞"指的大概就是这种情形。若此，这就是中国历史上见之文献记载的最早的面具化装舞会。

我们应该注意的主要点是，虽然有逼宫的意味，但政权交接是在比较和谐的情况下完成的，没有暴力手段和武装冲突。而皋陶、夔等主要官员以及众多诸侯的参与，也体现出一定程度的民主形式。

---

① 《尚书正义》，阮元：《十三经注疏》，中华书局1980年影印本，第144页。

这是一种原始的上层贵族间的民主制度。儒家以及后世学者之所以宣扬和美化这种形式，其主要点有二：

一是体现最高层贵族的民主意愿，实际属于在社会实践中建立威信，经过实践检验的领袖人物最终获得最高领导权，体现以道德和政绩获取君位的思想。

二是不经过战争，减少社会灾难，而这种方式是社会前行的最佳选择。而反对用战争手段争夺政权是儒家的一贯思想，孔子反对"以暴易暴"，极力表彰伯夷、叔齐以及泰伯都体现出这种观点。

总之，当生产力提高到相当程度时，家天下的传子制便成为历史必然的选择，因为这样有利于政权的相对稳定性。从夏禹开始，便进入中国历史最为值得品味和研究的三代时期。

由禅让制到家天下的历史转变需要有两种因素：一是父系氏族社会的完全建立，因为母系氏族社会是无法传子的，在本部落要有明确的父子关系以及父系血缘关系的系统才可以实现按照父系血缘传承政权的"家天下"制度。二是生产力发展到一定程度，有比较丰富的社会财富可供君主支配，君主地位有较大的诱惑力和吸引力的时期，这样才会出现"家天下"的历史现象。

大禹治水是中国百姓妇孺皆知的伟大功绩，这可能为大禹掌握天下自然地理提供了方便。夏朝建立后，已经实行了五服的统治方式，《史记·夏本纪》载：

> 令天子之国以外五百里甸服：百里赋纳裹，二百里纳铚，三百里纳秸服，四百里粟，五百里米。甸服外五百里侯服：百里采，二百里任国，三百里诸侯。侯服外五百里绥服：三百里揆文教，二百里奋武卫。绥服外五百里要服：三百里夷，二百里蔡。要服外五百里荒服：三百里蛮，二百里流。东渐于海，西被于流沙，朔、南暨。声教讫于

四海。于是帝锡禹玄圭，以告成功于天下。天下于是太平治。①

这种记载的历史真实性虽然不敢确定，但其统治的区域加大，而统治的实际力度加大是肯定的。由于农牧业生产对于掌握节令气候规律的要求，因此夏代的天文历法很发达，二至（冬至、夏至）和二分（春分、秋分）已经非常准确科学，而建寅之月的历法对于黄河流域乃至我国大部分地区的生产与生活也很合适，因此夏代的历法相当科学，我们现代使用的阴历便是夏历。按照徐广的说法，夏代共经历14世17君471年，这种说法基本接近历史事实。

孔子对于夏禹是极其推崇的，是他心目中的古代圣贤。《论语·泰伯》："子曰：禹，吾无间然矣。菲饮食而致孝乎鬼神，恶衣服而致美乎黻冕，卑宫室而尽力乎沟洫。禹，吾无间然矣。"大意是说，孔子说："对于禹，我是没有话可说了。他自己吃得很差，祭祀祖先却很丰盛；自己穿得非常简陋朴素，祭祀的礼服却非常华美高贵，自己居住的宫室很简陋，却尽力修建水利工程。对于禹，我实在没有话可说了。"②夏禹全心全意为人民服务的精神，勤俭朴素的工作作风，对于祖先的恭敬，对于民生的重视都是儒家思想所提倡的，也可以说是儒家思想的来源之一。

第三节　夏商两代的社会制度与形态

夏朝从夏禹开始，到夏桀王灭亡，共经历17王。③商汤灭掉夏朝建立殷商王朝，开始了三代的第二个王朝。殷商对于夏代制度的变革没有很明

---

① （汉）司马迁撰，（宋）裴骃集解，（唐）司马贞索隐，（唐）张守节正义：《史记》，中华书局1959年点校本，第77页。
② 原文为：子曰："禹，吾无间然矣。菲饮食而致孝乎鬼神，恶衣服而致美乎黻冕，卑宫室而尽力乎沟洫。禹，吾无间然矣。"《论语·泰伯》，毕宝魁：《论语精评真解》，世界知识出版社2010年版，第166页。
③ 夏朝天子传承：禹—启—太康—中康—帝相—少康—帝予—帝槐—帝芒—帝泄—帝不降—弟帝扃—帝廑—帝孔甲—帝皋—帝发—帝履癸，是夏桀王。据《史记·夏本纪》整理。

确的记载,"汤乃改正朔,易服色,上白,朝会以昼"①(《史记·殷本纪》)而已。在历法方面重新起用新的正月与朔日,商朝是建丑之月,与夏朝不同。"易服色"即确定本朝属于什么德,然后崇尚什么颜色。因为夏朝是木德,尚青色,而金克木,故殷商王朝自己认为属于金德,故以白色为上。这是古代每个新王朝建立一定要进行的两项内容,即所谓的"改正朔,易服色",其他制度并没有什么变化。

"改正朔,易服色"是中国古代历史文化的又一重要特色,即所谓的"五德终始说"。商代车辆的制造进步较大,一是实用性强,好使耐用;一是由于崇尚白色,基本是原色,很素朴。故孔子推崇商代的车。殷商的统治方式与社会制度基本是夏朝的延续,进行局部的改革而已。中国百姓有句通俗的话叫"换汤不换药",还是比较形象而准确的。

周朝建立,周武王曾经访箕子,请他参与到自己的政权中,但箕子没有答应。周武王请教如何治国,箕子将《洪范》传给武王和周公。文中说《洪范》是天赐给大禹的,而大禹又流传给后人。这些是否属实暂不必考究,但《洪范》确实是极其古老的文字则不必怀疑,《洪范》将五行列为大纲之首,实际是古老时代施政的大纲。仅从《洪范》来看,就足以证明孔子对于三代文化前后嬗变传递的看法很准确科学。到周代建国之初,面对新的局面,如何进行统治是摆在武王以及开国老臣面前的一道大题目。周公姬旦的能力很强,他在继承夏商两代统治经验的基础上创立了一套完备的礼乐制度。

孔子在《论语·八佾》篇中说:"夏礼,吾能言之,杞不足征也;殷礼,吾能言之,宋不足征也。文献不足故也。足,则吾能征之矣。"②大意是说,夏朝的礼仪制度,我能够讲述,但如今杞国的礼仪不足以证明;殷商朝代的礼仪制度,我也能说,但现在宋国的礼仪不足以证明。文献资料不足的缘故,如果文献资料充足或者有贤者口述,那么我就能够证明夏朝

---

① (汉)司马迁撰,(宋)裴骃集解,(唐)司马贞索隐,(唐)张守节正义:《史记》,中华书局1959年点校本,第98页。
② 毕宝魁:《论语精评真解》,世界知识出版社2010年版,第46页。

和商朝的礼仪情况。孔子时代关于夏、商两代典章制度的文献已经所存无几，孔子都无法看到，而这两个朝代的后人也没有保存前人的文化制度，因此我们现代人更无从知晓了。

通过《礼记·礼运》篇记载，孔子确实到杞国和宋国去做过考察，孔子曰："我欲观夏道，是故之杞，而不足征也，吾得《夏时》焉。我欲观殷道，是故之宋，而不足征也，吾得《坤乾》焉。《坤乾》之义，《夏时》之等，吾以是观之。夫礼之初，始诸饮食，其燔黍捭豚，污尊而抔饮，蒉桴而土鼓，犹若可以致其敬于鬼神。"①

如果从文献资料来看，三代是中国父系氏族社会建立的时期。商、周两代都有关于其始祖的神话传说，《诗经·商颂·玄鸟》中便有这方面的文字。

    天命玄鸟，降而生商，宅殷土芒芒。古帝命武汤，正域彼四方。方命厥后，奄有九有。商之先后，受命不殆，在武丁孙子。武丁孙子，武王靡不胜。龙旂十乘，大糦是承。邦畿千里，维民所止，肇域彼四海。四海来假，来假祁祁。景员维河，殷受命咸宜，百禄是何。②

这是殷商民族祭祀祖先的诗歌，具有史诗的性质。开头几句大意是说，上天命黑色的鸟送来它的蛋，简狄吞下怀孕生了商王。他便是殷商始祖契，居住的殷土广阔无垠野茫茫。古帝命汤建立武装，南征北战确定四方之边疆。再任命各方之诸侯，把天下划分为九州。

玄鸟有三种解释，或者说是普通的燕子，或者说是凤凰，或者说是鸱鸮。仔细分析，这种玄鸟当是鸱鸮。因为凤鸟与玄鸟不是一种鸟。春秋时期，郯子曾对孔子说："我高祖少暤挚之立也，凤鸟适至，故纪于鸟，为

---

① 《礼记·礼运》，阮元校刻：《十三经注疏》，中华书局1980年版，第1415页。
② 《毛诗正义》，阮元校刻：《十三经注疏》，中华书局1980年版，第622~623页。

鸟师而鸟名。凤鸟氏,历正也。玄鸟氏,司分者也。"①而燕子就是普通的小鸟,以捕食昆虫为生,这样的小鸟是不应该被以渔猎生活为重要生产方式和谋生手段的强悍的殷商民族崇拜的。而鸥鹘是猛禽,且头部与眼睛都能够灵活旋转,具有很强的攻击性,能够捕食小型动物。最能说明问题的是妇好墓中出土文物同时有燕子和鸥鹘。在商代文化遗址中,没有燕子崇拜的痕迹。只有妇好墓里有一件玉燕雏(编号380),是很写实的造型:"作待哺状,尖喙圆眼,双翅微展,无尾。胸下雕出两足,头饰羽毛纹,翅饰翎纹。"②而妇好墓中的铜鹘尊却以龙纹、夔纹、饕餮纹、蝉纹、蛇纹、菱形纹加以装饰,具有很强的装饰效果,很明显带有神话的倾向。两相比较,尊崇鸥鹘的倾向非常明显。这样,诗中的玄鸟是鸥鹘当更加合情合理。简狄吞卵而生契,契便是殷商民族的始祖。《大雅·生民》与此很相似,都具有人类由母系氏族社会向父系氏族社会过渡的痕迹。

《诗经·大雅·生民》记载周代始祖后稷的生平,具有史诗的性质。"厥初生民,时维姜嫄。生民如何?克禋克祀,以弗无子。履帝武敏歆,攸介攸止。载震载夙,载生载育,时维后稷。诞弥厥月,先生如达。不坼不副,无菑无害。以赫厥灵,上帝不宁。不康禋祀,居然生子。"③大意是说,我们周人最早的母亲名叫姜嫄。周人祖先诞生很神奇,姜嫄诚心诚意祭上帝,祈求能够生儿子。祭祀时踩上上帝大拇脚趾迹,心有灵犀感应有喜气。果然怀孕始作胎,胎儿渐渐大起来,这个孩子就是后稷。怀胎足月到了预产期,孩子顺产如同生个羊羔那样真顺利。产门不破也不裂,无灾无害,母子笑嘻嘻。居然这么有神灵,或许上帝不安宁。不是全心全意来祭祀,居然是为生孩子。

后稷的母亲是姜嫄,但却没有其父亲的记载,可以看做是由母系氏族向父系氏族社会过渡时代的作品,最起码有这种印记。与殷商始祖契的出

---

① 杜预注,孔颖达疏:《春秋左传正义》,阮元校刻:《十三经注疏》,中华书局1980年版,第2083页。
② 中国社会科学院考古研究所:《殷墟妇好墓》,文物出版社1980年版,第169页。
③ 阮元校刻:《十三经注疏》,中华书局1980年版,第528~529页。

身极其相似，可以看出他们对于自己祖先的追忆都是在母系氏族社会向父系氏族社会过渡的时期，而契和后稷分别作为这两大部族最早的父系氏族社会的男性始祖。这种记载有很高的历史文化价值，周代是以农业立国的政权，也可以看出中国农业历史的悠久。

第四节　西周礼乐制度的完备

历史是在不断进步的，西周初年由周公姬旦制订的礼乐制度是很完善的有关政治、经济、礼仪、生活待遇的典章制度。对于各种类型的诸侯国，对于社会各阶层的人如何管理，都应该享受何等待遇，都应当担负什么责任，都有明文规定。在对待诸侯国的管理上，基本沿袭夏商两代的五服制度，说明在当时生产力水平以及政治、交通等方面的制约下，也只能是这种统治方式。这样，以西周京师镐京为中心，向外按照距离远近不同，运用辐射性的方式，采取不同的统治策略，包括贡赋物品都不相同。在西周社会的进程中，这些制度在不断完善。

关于礼乐制度形成的原因，《礼记·曲礼上》中说：

> 夫礼者，所以定亲疏，决嫌疑，别同异，明是非也。礼不妄说人，不辞费。礼不逾节，不侵侮，不好狎。修身践言，谓之善行。行修言道，礼之质也。礼闻取于人，不闻取人。礼闻来学，不闻往教。
>
> 道德仁义，非礼不成。教训正俗，非礼不备。分争辨讼，非礼不决。君臣、上下、父子、兄弟，非礼不定。宦学事师，非礼不亲。班朝治军，莅官行法，非礼威严不行。祷祠、祭祀、供给鬼神，非礼不诚不庄。是以君子恭敬撙节，退让以明礼。鹦鹉能言，不离飞鸟。猩猩能言，不离禽兽。今人而无礼，虽能言，不亦禽兽之心乎？夫唯禽兽无礼，故父子聚麀。是故圣人作，为礼以教人，使人以有礼，知自

别于禽兽。①

对于礼产生的原因说得比较清楚准确,对于礼的重要作用也进行了强调,"鹦鹉能言,不离飞鸟。猩猩能言,不离禽兽。今人而无礼,虽能言,不亦禽兽之心乎?夫唯禽兽无礼,故父子聚麀"几句说明知道礼义是人与动物的最根本区别,而不知礼义的人便可以被认为是"禽兽"。因此,出现在中国古代文献中称某人为"禽兽"一词主要是斥责对方不懂礼义,而不是骂人的话。百姓中骂人"牲口"、"畜生"也是这种意思。而在春秋战国时期,华夏文化生活圈子里的知识分子经常称不同文化的国家为"禽兽之国"也是这种意义,不能认为是骂人。而在西周初年,周公借鉴前朝的典章制度而建立的周礼确实是非常完备的社会秩序蓝图。

《礼记·明堂位》(卷三十一)载:

> 昔者周公朝诸侯于明堂之位,天子负斧依南向而立。三公,中阶之前,北而东上。诸侯之位,阼阶之东,西面北上。诸伯之国,西阶之西,东面北上。诸子之国,门东,北面东上。诸男之国,门西,北面东上。九夷之国,东门之外,西面北上。八蛮之国,南门之外,北面东上。六戎之国,西门之外,东面南上。五狄之国,北门之外,南面东上。九采之国,应门之外,北面东上。四塞,世告至。此周公明堂之位也。明堂也者,明诸侯之尊卑也。昔殷纣乱天下,脯鬼侯以飨诸侯,是以周公相武王以伐纣。武王崩,成王幼弱,周公践天子之位,以治天下。六年,朝诸侯于明堂,制礼作乐,颁度量,而天下大服。七年,致政于成王。成王以周公为有勋劳于天下,是以封周公于曲阜,地方七百里,革车千乘;命鲁公世世祀周公以天子之礼乐。②

---

① 阮元校刻:《十三经注疏》,中华书局1980年版,第1231页。
② 阮元校刻:《十三经注疏》,中华书局1980年版,第1488页。

根据这段文字可知,所谓"明堂位",就是明确各国诸侯以及天子卿大夫在朝廷中的位置。其中非常清楚地规定出"公"、"侯"、"伯"、"子"、"男"五等爵位各自的位置,非常明确,是政治秩序。关于天子与诸侯之冠冕礼服,周礼也都有明文规定。《礼记·玉藻》说:

> 天子玉藻,十有二旒,前后邃延,龙卷以祭。玄端而朝日于东门之外,听朔于南门之外,闰月则阖门左扉,立于其中。皮弁以日视朝,遂以食;日中而馂,奏而食;日少牢,朔月大牢;五饮:上水、浆、酒、醴、酏;卒食,玄端而居。动则左史书之,言则右史书之。御瞽几声之上下。年不顺成,则天子素服,乘素车,食无乐。

> 诸侯玄端以祭,裨冕以朝,皮弁以听朔于大庙,朝服以日视朝于内朝。朝,辨色始入;君日出而视之,退适路寝听政,使人视大夫;大夫退,然后适小寝,释服。又朝服以食,特牲三俎,祭肺。夕深衣,祭牢肉。朔月少牢,五俎四簋。子卯,稷食菜羹。夫人与君同庖。

> 君无故不杀牛,大夫无故不杀羊,士无故不杀犬、豕。君子远庖厨,凡有血气之类,弗身践也。至于八月不雨,君不举。年不顺成,君衣布搢本,关梁不租,山泽列而不赋,土功不兴,大夫不得造车马。①

至于这里所记载的很完美的礼乐制度的内容和形式到底可靠与否,应该基本肯定。周公确实制定了一套礼乐制度,而在西周时期基本是依照这些典章制度实行管理的。关于周公是否制定礼乐典章,学术界意见不一。此问题很复杂,此处不做深入探讨。但流传到现在的《周礼》以及《礼记》是古代文献是不容置疑的,究竟古到哪个年代则需要深入探讨。《四库全书总目》说:"《周礼》一书,上自河间献王。于诸经中其出最晚,其

---

① 阮元校刻:《十三经注疏》,中华书局1980年版,第1473~1474页。

真伪亦纷如聚讼，不可缕举。惟《横渠语录》曰：'《周礼》是的当之书，然其间必有末世增入者。'"①

实际上，我们可以设想一下，学者制造这样的伪书干什么？如果没有现实的目的与功利，有必要伪造这样枯燥无味的书籍吗？阮元在《周礼校勘记序》中说："周礼出山岩屋壁间，刘歆始知为周公之书而读之。其徒杜子春乃能略识其字。建武以后大中大夫郑兴、大司农郑众皆以周礼解诂著，而大司农郑康成乃集诸儒之成为《周礼注》。"②"山岩屋壁"，可见是先秦时期藏起来的书籍，而且书写的文字都是篆书，刘歆的学生也只有杜子春能够粗略认识原文的字。从以上情形看，《周礼》原书确实是很古远的书籍。如今传世比较好的版本是《十三经注疏》中郑玄注、贾公彦疏的《周礼注疏》四十二卷。

《周礼》原书共六卷，即天官冢宰、地官司徒、春官宗伯、夏官司马、秋官司寇、冬官考工记。前五卷在内容上没有什么问题，最后一卷多数学者认为与前面内容不合，体例也不同，其中有关于郑国与秦国的记载，而这两国在西周初年都没有受封，便肯定不是周公时代作的。认为是第六卷散佚，而后人将《考工记》补入充数。但基本承认前五卷是原书。那么我们便可以根据本书的内容，对于西周初年的政权建设以及礼乐制度有个大概的了解。

《周礼》是西周治理天下的具体典章制度，对于官员的设置、级别、人数、职务等都非常明确。某种意义上说，是当时天下官员编制的具体规定，涵盖社会君王生活服务、天下以及各诸侯国之行政管理、各级祭祀事务、医疗卫生工作、文化教育事业、司法建设等各种职能，对于社会各个阶层、各个行业进行全方位的覆盖，没有遗漏。我浏览完全书后实在佩服古人的智慧，那是三千年前的制度规定啊！于是我更加理解孔子为什么那么钟情周礼，强调"郁郁乎文哉，吾从周"的感情了。

---

① 郑玄注，贾公彦疏：《周礼注疏》，《四库全书总目》，中华书局1965年版，第149页。
② 阮元校刻：《十三经注疏》，中华书局1980年版，第637页。

《周礼》开端的一段文字是：

> 惟王建国，辨方正位，体国经野，设官分职，以为民极。乃立天官冢宰，使帅其属，而掌邦治，以佐王均邦国。治官之属，大宰卿一人，小宰中大夫二人，宰夫下大夫四人，上士八人，中士十有六人，旅下士三十有二人。①

上面官员的编制是朝廷官员设置，下面接着开列很大的账单，可以理解是各个层次官员以及下属工作人员的配备编制，面面俱到，有庖人、内饔、外饔、亨人、甸师、兽人、鳖人、腊人、医师、食医、疾医、疡医、兽医、酒正、酒人、浆人、凌人、笾人、醢人、醯人、盐人等等名目，可见官员设置之细密，每一名目下都有官员级别，各种分工以及普通工作人员即奴仆的人数。

再从大的方面来看。我们只举一个简单例证，天官冢宰下面统辖的"大宰"一官，由卿担任。其具体执掌是："大宰之职，掌建邦之六典，以佐王治邦国。一曰治典，以经邦国，以治官府，以纪万民。二曰教典，以安邦国，以教官府，以扰万民。三曰礼典，以和邦国，以统百官，以谐万民。四曰政典，以平邦国，以正百官，以均万民。五曰刑典，以诘邦国，以刑百官，以纠万民。六曰事典，以富邦国，以任邦国，以生万民。"② 可见由他负责制定"六典"，六个大方面的具体制度与规范，包括政治领导、教育、礼仪、行政、司法纠察、组织生产等，几乎包括全部的统治内容。下面关于他本人直接领导的官府，实际等于现代的"办公厅"的具体治理办法与条例。作为大宰的副手"小宰"的工作职务范围也都有明确的规定与分工，后面有非常详细的细目。大宰和小宰各是一卷的内容，可见内容之多之细。

---

① 阮元校刻：《十三经注疏》，中华书局1980年版，第639~640页。
② 阮元校刻：《十三经注疏》，中华书局1980年版，第645页。

总之，根据《周礼》一书，我们可以推测周代的礼乐制度很完备，如果真正能够实行的话，社会就会出现和谐繁荣的景象。"故成康之际，天下安宁，刑错四十馀年不用。"半个多世纪里不用刑罚，不就是和平繁荣景象吗？但康王的儿子和孙子都不很贤良，一代昏君足以毁掉一个政权，何况两代？一般都认为是周幽王昏庸残暴而西周被灭，实际病根在康王的儿子昭王和孙子穆王两代就留下了。穆王在中国历史上也非常著名，是个好游览好神仙的君王。昭王、穆王两代礼乐制度开始松弛，到幽王被杀，则开始出现礼崩乐坏的趋势。到孔子时代，礼乐制度遭到严重破坏。天下大乱，周天子已经没有控制天下的能力，要依靠大国的支持才能勉强生存。各国诸侯自行其是，人们无所适从，延续两三千年的礼乐文化面临严重的危机，于是孔子才不遗余力地倡导克己复礼。

《礼记·表记第三十二》（卷第五十四）载：

> 子曰："夏道尊命，事鬼敬神而远之，近人而忠焉，先禄而后威，先赏而后罚，亲而不尊；其民之敝，蠢而愚，乔而野，朴而不文。殷人尊神，率民以事神，先鬼而后礼，先罚而后赏，尊而不亲；其民之敝，荡而不静，胜而无耻。周人尊礼尚施，事鬼敬神而远之，近人而忠焉，其赏罚用爵列，亲而不尊；其民之敝，利而巧，文而不惭，贼而蔽。"
>
> 子曰："夏道未渎辞，不求备，不大望于民。民未厌其亲。殷人未渎礼，而求备于民。周人强民，未渎神，而赏爵刑罚穷矣。"①

对于三代政治文化的特征进行概括评析，认为夏代的人侍奉鬼神却不亲近鬼神，而更亲近现实世界的人，先奖赏而后惩罚，先给予俸禄而后进行管理，故君王与百姓亲近而没有尊严。其弊端是百姓愚蠢憨厚，粗野质朴而不文明，缺少文化色彩。商代统治者尊敬鬼神，引导百姓侍奉神灵，

---

① 阮元校刻：《十三经注疏》，中华书局1980年版，第1641~1642页。

将侍奉鬼神放在首要位置，其后才是行政管理的礼乐制度，先惩罚而后奖赏，君王有尊严但百姓不亲近。其百姓的弊端是好动而不静，争强好胜而缺少耻辱感。周代统治者尊崇礼乐制度，对于鬼神也是敬而远之，亲近百姓，赏罚用爵位与地位，百姓亲近而缺少尊严。百姓的弊端则是追求利益而有机巧之心，善于文饰而不知惭愧，奸诈而短见。这种分析只是粗线条的，但对于我们理解三代政治文化的差异是有启发的。

　　孔子生活的时代是从前代文明走过来的，孔子是对于前代文化的提炼与总结，经过选择后大力提倡之，因此可以说孔子是前代历史文明的集大成者。下面我们便到孔子生活的时代去看看，进一步理解孔子思想产生的历史背景与文化背景，以便于理解孔子思想的精髓。

第二章 孔子面临的历史环境

第一节 平王东迁的历史转折

孔子生活在春秋末期，正是中国社会大变革、大转型时期。这种时期也正是产生大思想家的时期，因为社会的动荡便会引起社会精英的最普遍的关注，而不是大一统的政治局面又使人们有充分的言论自由。无独有偶，正当中国春秋时期，政权下移，各诸侯国的国君掌握着一方军政大权的时候，远在西方的最先进最强大的希腊王朝也出现类似的情况。

在公元前8世纪时，希腊王朝的经济变革和军事变革交织在一起，导致了相应的政治变革，于是社会进入动荡黑暗的时代。这一时期的显著特征是："各城邦开始时实行君主政体，后来渐渐地转向贵族寡头政治，到公元前7世纪时，各城邦已由称为'僭主'的独裁者进行统治。这些雄心勃勃的领导者一般都是贵族出身，他们支持民众的要求，因而赢得了群众的支持，夺得个人权力。'僭主'一词就是指那些没有合法权力而进行统治的人。但是，这一名称不带有道德谴责的含义。"[①]

仔细体味，这里的"僭主"实际就相当于中国春秋时期大国的诸侯，他们是各大诸侯国的实际君主，掌握着全面的大权，周天子已经无法对其

---

① [美]斯塔夫里阿诺斯著，吴象婴等译：《全球通史》，北京大学出版社2005年版，第103~104页。

制约。当然，两者尚有一定区别，如中原各诸夏诸侯国都是经过天子加封的，有合法统治权。但如楚国则不过是子爵小国，后来强大则自称"王"，则是僭越，而其他诸侯国在实际政治生活、经济生活与文化生活中，也普遍不遵守"礼"的规定，多有僭越行为，本质上与古希腊的"僭主"相似。

荒唐的周幽王烽火戏诸侯被杀后，"于是诸侯乃即申侯而共立故幽王太子宜臼，是为平王，以奉周祀。平王立，东迁于雒邑，辟戎寇。平王之时，周室衰微，诸侯强并弱，齐、楚、秦、晋始大，政由方伯"①（《史记·周本纪》）。这里的"方伯"一词与古希腊的"僭主"极其相似。也正是从这个时期开始"诸侯强并弱"，强大的诸侯开始兼并弱小的诸侯，拉开春秋战国的序幕。

平王东迁后，天下开始动荡不安，逐渐出现礼崩乐坏的趋势。其后每况愈下，至孔子时，又二百多年过去，礼崩乐坏的程度越来越严重。

平王东迁后，依靠的两个大国是晋国和郑国。郑国出现一位很有谋略的国君，便是《左传》开篇《郑伯克段于鄢》的郑伯郑庄公。郑国虽然受封建国比较晚，是西周后期周宣王所封，但因其开国君主是宣王的同母弟，血缘关系最近，故很受信任和器重。然而周平王的儿子早死，孙子继承王位，这便是桓王。平王时，先后重用郑武公和其子郑庄公为卿，掌握周王朝的实权。但平王后期感觉此父子不好驾驭，于是便转而信任虢公。郑庄公曾经质问平王，平王不承认。为表示诚意，于是提出和郑庄公交换儿子到对方国家作为人质，这便是中国历史上非常著名的"周郑交质"。

"郑武公、庄公为平王卿士，王贰于虢，郑伯怨王，王曰：无之。故周郑交质。王子狐为质于郑，郑公子忽为质于周。王崩，周人将畀虢公政。四月，郑祭足帅师取温之麦，秋又取成周之禾。周郑交恶。"②平王死

---

① （汉）司马迁撰，（宋）裴骃集解，（唐）司马贞索隐，（唐）张守节正义：《史记》，中华书局1959年点校本，第149页。
② 杜预注，孔颖达疏：《春秋左传正义》，阮元校刻：《十三经注疏》，中华书局1980年版，第1723页。

后,桓王果然把权力交给虢公,郑国便派人到周国境内破坏庄稼,于是由"周郑交质"而发展为"周郑交恶"了。

双方的关系进一步恶化,到周桓王"十三年,伐郑,郑射伤桓王,桓王去归"①(《史记·周本纪》)。因为郑庄公没有朝拜周天子,桓王便组织联军对郑国进行讨伐。桓王亲自率领陈、蔡、虢、卫四国联军讨伐郑国。郑国军队英勇抗击,打败联军,郑国大将祝聃用箭射中了桓王的肩膀。诸侯国的军队,公然抗击天子之兵,大将敢于向天子放箭,天子尊严扫地矣。这件事被史家大书特书,因为是典型事例,是周天子对于天下失控的标志,也是礼崩乐坏程度的加深。

再过不久,齐桓公称霸。其后,五霸迭出,标志天子已经成为摆设矣。再其后,局面更坏,礼崩乐坏已经很难逆转。我们举发生在孔子身边的事件来看,因为这些情况孔子是亲身感受的,更有深刻的认识和痛楚。

本来是天子专用的"八佾"之舞,身为大夫的季氏却在自己的庭院中公开欣赏,令孔子大为恼火,说:"是可忍也,孰不可忍也?"② 这样僭越的事都忍心干,还有什么事情不忍心干呢?但生气归生气,无可奈何。

鲁国三大家族孟孙氏、叔孙氏、季孙氏在举行大典时都采用"雍"的乐舞来结束仪式,而这种乐舞本来是天子专用,其中有这样的歌词:"相维辟公,天子穆穆"③,出席和主持仪式的是诸侯卿相,天子很严肃端庄,三家哪来的卿相?哪来的天子?但他们三家都用,谁都拿他们没有办法。

其他诸侯国莫不如此。晋国六卿权势甚重,国君形同傀儡。齐国大臣崔杼杀死齐庄公,而继位的齐景公提拔其为相。齐景公后期,田氏势力崛起,无法抑制,最后发生"陈恒弑齐君",田氏从此掌握齐国大权的局面。对于大臣公然杀害国君,孔子的态度很明确。

齐国的大臣陈恒叛逆杀害国君齐简公,孔子沐浴后去朝廷报告哀公,

---

① (汉)司马迁撰,(宋)裴骃集解,(唐)司马贞索隐,(唐)张守节正义:《史记》,中华书局1959年点校本,第150页。
② 毕宝魁:《论语精评真解》,世界知识出版社2010年版,第40页。
③ 毕宝魁:《论语精评真解》,世界知识出版社2010年版,第40页。

说:"陈恒叛逆杀害他的国君,请求发兵讨伐他。"哀公说:"去告诉三位大臣。"

孔子说:"因为我曾经当过大夫之职,因此不敢不报告这样的大事和不敢不发表自己的意见。可君主您却说'去告诉那三个大臣'。"

孔子去报告那三位大臣,三大臣不同意出兵讨伐。孔子说:"因为我曾经当过大夫之职,因此不敢不报告这样的大事和不敢不发表自己的意见。"①

这便是孔子的政治态度,孔子明知道不可为也要去报告并明确请求出兵讨伐,是表明自己的政治立场,而两次重复那句话便有立此存照给后人看的意思。齐国与鲁国是近邻,并有悠久的历史渊源,因此两国之间的政治事件相互影响。孔子明确请求出兵,因为春秋时期,只要是弑君大逆,人人可以诛之。孔子的要求是大义凛然的,但哀公已经不掌握实权,因此让孔子去报告三大夫,孔子的感叹很深沉,也明白哀公的苦衷,又无可奈何。只能再去报告三大夫,也有留此存照的意思,意思是我孔丘应该做的都做了,我尽力了。三大夫与陈恒都是大夫之职,他们对于这种事情一般不会有积极性。

鲁国三大家族和公室一直存在尖锐矛盾,当年昭公受不了季氏的专横,发兵讨伐季氏,结果季氏联合孟孙氏和叔孙氏将昭公打败,昭公流亡,最后死在外国。因此让三大夫去讨伐叛逆,很明显是不可能的。

诸侯国中,权臣当政,国君被架空的情况非常普遍。鲁昭公忍受不了这种局面,便找个机会发兵讨伐当时最霸道的季平子,结果在最关键的时候,孟孙氏和叔孙氏不但不帮助国君,反而帮助季平子,将国君的军队打败,昭公流亡,虽然很多大国出面调停也未能奏效,昭公始终不能回国,几年后死在国外。这是孔子亲身经历的事件。

---

① 原文为:陈成子弑简公。孔子沐浴而朝,告于哀公曰:"陈恒弑其君,请讨之。"公曰:"告夫三子。"孔子曰:"以吾从大夫之后,不敢不告也。君曰'告夫三子'者。"之三子告。不可。孔子曰:"以吾从大夫后,不敢不告也。"(《论语·宪问》)见毕宝魁《论语精评真解》,世界知识出版社2010年版,第285页。

孔子说："夷狄之有君，不如夏之亡也。"①实际就是针对这种情况而发的感慨，说夷狄等异族国家尚有君主的观念，不像华夏文化这些诸侯国，连国君观念都没有了。鲁国三大家族把国君赶出去，一直不让回来，居然死在外国。而齐国更甚，大臣居然把国君杀害了，再立别的国君。而其他国家无动于衷，好像什么都没有发生一样。

上行下效，大夫家中也同样僭越，季氏家臣、很有名的阳货曾将季桓子软禁过，还曾经要谋杀过，后来失败而逃往齐国。在齐国不安分被发现又逃往赵国。而家臣叛乱的事情更不是新鲜事，仅在《论语》中便明确记载两个人，一是"公山弗扰以费畔"，一是晋国大夫赵简子的属下中牟县宰"佛肸"叛，于此可以看出当时天下的大势。

孔子说："事君尽礼，人以为谄也。"自己按照礼的要求来侍奉国君，他人却认为是谄媚，可从另一个角度看出其他人都不按照礼的要求来侍奉国君了。一旦到社会反常的时候，便是非颠倒，黑白颠倒，善恶颠倒。正是在这样的情况下，孔子依旧汲汲终生，周游列国，宣传推行自己的政治主张：要克己复礼，要为政以德，提倡人要有忠恕之道，一以贯之。

这样，礼乐制度已经无法约束当时天下的政治了。在实行华夏文化的诸侯国中尚出现这么多公然违背礼之规定的情况，可见礼乐文化确实出现了严重的危机。

第二节　异族文化的冲击与威胁

上文探讨的是奉行周文化的诸侯国内部出现的不遵守礼乐制度的情况，这种倾向对于继续维护礼乐制度无疑是一种威胁，但更大更严重的威胁则来自异族文化的冲击。我们必须指出，当时周礼确实已经遇到了严重的挑战，由三皇五帝创始并流传下来的经过三代不断完善的华夏民族的文化即周文化已经到了"生死存亡之秋"，这并不是危言耸听，而是活生生

---

① 《论语·八佾》，毕宝魁：《论语精评真解》，世界知识出版社2010年版，第43页。

的历史事实。

在平王东迁之初,便有人担心周礼会衰微甚至灭亡。平王属下的大夫"辛有适伊川,见披发而祭于野者,曰:'不及百年,此其戎乎?其礼先亡矣'"①。辛有见到有披散着头发的人在野外祭祀,便非常吃惊,意识到可能不到一百年周礼就要衰亡了,而取代周礼的便是这里的"戎"。

我们应该注意的是,当时人们关注的焦点是周礼,并不是周天下,周礼实际就是文化典章制度,包括道德观念、语言文字、伦理意识、饮食、服饰、发型、习俗、祭祀等诸多因素,并不是简单的政治与政权。

孔子关注的也是文化形态与生活方式,并不是单纯的政权形式。子贡向孔子问起管仲的时候,孔子满怀感激之情,他说:"管仲相桓公,霸诸侯,一匡天下,民到于今受其赐。微管仲,吾其被发左衽矣。"② 孔子认为,包括他自己在内的全天下的人都应该感谢管仲,因为管仲曾佐助齐桓公称霸诸侯,匡正天下,天下的百姓至今还承受着管仲的恩赐。如果没有管仲,我们这些人现在恐怕都要披散着头发而衣襟也要向左边开了,也就是都要被迫接受夷狄文化,即夷狄的生活方式了。因此,当年坚持华夏文化便是士人最紧迫的使命。

我们看看管仲的历史作用,便可以理解孔子赞美的缘由了。

鲁闵公元年(前661),"狄人伐邢,管敬仲言于齐侯曰:'戎狄,豺狼,不可厌也。诸夏亲昵,不可弃也。宴安酖毒,不可怀也。诗云:岂不怀归,畏此简书。简书,同恶相恤之谓也。请救邢以从简书。'齐人救邢"③。

邢是当时的小国,地理位置即今河北邢台,属于"诸夏"即奉行周文化的国家,而齐国千里迢迢派出军队就是要保护同样文化的国家和政权。这时其他因素都不重要,关键就看文化形态。

---

① 杜预注,孔颖达疏:《春秋左传正义》,阮元校刻:《十三经注疏》,中华书局1980年版,第1813页。
② 毕宝魁:《论语精评真解》,世界知识出版社2010年版,第283页。
③ 杜预注,孔颖达疏:《春秋左传正义》,阮元校刻:《十三经注疏》,中华书局1980年版,第1786页。

注意，管仲提出支援救助邢国的理由是"戎狄，豺狼，不可厌也。诸夏亲昵，不可弃也"。"豺狼"并不是骂人的话，而是认为不懂礼义不懂人伦的异族与动物一样，后来很多学者称呼异族为"禽兽"、为"豺狼"与此近似，前文已经提及此事，可参看。实际就是说这些异族之人与华夏民族文化不同而已。"诸夏"指的是实行周礼的诸侯国或者部族。

如果从文化角度看，当时全天下各国可以划分为两大类：实行周礼而接续三代文明的诸侯国属于华夏民族，也就是当世人所说"诸夏"；另一类就是不实行周礼的其他诸侯国和部族，当时称为"夷"、"狄"、"戎"、"蛮"，这是几个有代表性的少数民族。一般是从地理方位来称呼的，通常说"东夷"、"北狄"、"西戎"、"南蛮"，但这只是大致的概念而已。从前我的印象好像这些国家或部落都生活在华夏民族的周边地区，而且都很弱小，实际并不是这种情况。

根据《春秋三传》以及其他先秦典籍记载，我们综合考察这些文献资料，可以看出这样两种情况：一、这些非周礼文化的国家或部落与奉行周礼文化的华夏民族国家与部落犬牙交错。在中原地区，在华夏民族比较集中的黄河流域中下游地区，也到处都有夷狄国家和部落生活着。二、所谓夷狄蛮戎的国家或部落并不是都非常弱小，任华夏民族宰割，而有的国家，尤其是某一种族联合起来力量也非常强大，对华夏民族诸侯国以及文化形态也有一定的冲击与威胁。

有一点我现在还没有搞清楚，就是这些异族之间的关系如何？所奉行的文化如何？如果推理的话，应该各自有各自的文化，各自有各自的语言与风俗等。在这几个异族文化中，只有每个文化之间有相互联合的记载，而不同文化部落之间的联合未见过实例。如"狄"便经常联合作战，但所谓的"夷"、"狄"、"戎"、"蛮"这几种不同文化的部族却没有联合起来，而且在同一种族之间还经常发生战争，如狄的内部就发生过不同部落的战争，甚至"赤狄"与"白狄"之间也进行争斗，这样，各自的力量就显得弱小了，否则对华夏民族之文化的冲击将更加巨大。

那么我们再回到春秋时代去看看，鲁僖公三十三年（前627），"狄伐晋,及箕。八月戊子,晋侯败狄于箕。郤缺获白狄子①"。这一时期,晋国、秦国、楚国、齐国都是当时的超级大国,而狄人居然敢公开去讨伐晋国,可见其实力一定很强大。晋国是姬姓王国,是典型的诸夏。最终是晋国战胜,并俘获白狄之子。这里的"子"绝非普通男子或儿子,当是其首领或首领之子,华夏民族则称作"世子"或"太子"。

又过了三十年,到鲁宣公十一年(前598),"晋郤成子求成于众狄。众狄疾赤狄之役,遂服于晋"②。下面有注解说:"赤狄潞氏最强,故服役众狄。"可知当时狄人的实力确实不可小觑,狄人部落可能很多,人口也不少,肤色还有赤狄与白狄之分。最强大的赤狄潞氏用强权奴役其他狄人,其他狄人对于潞氏赤狄不满,晋国大夫郤成子便趁机向其他狄人求和结盟。堂堂强大的晋国主动去拉拢狄人并与之结盟,实际是一种文化斗争,也可从侧面看出当时夷狄势力的强大。而此处的潞氏恐怕就是指占据的地方而言,不是姓氏。如果这样,则是潞州,即今山西省南部的长治市,是山西很好的地理位置,后来在唐末五代成为兵家必争之地。朱全忠和李克用、李存勖父子曾投入重兵争夺此地。

鲁成公十六年(前575),晋国大臣范文子曰:"吾先君之亟战也,有故。秦、狄、齐、楚皆强,不尽力,子孙将弱。今三强服矣。敌楚而已。"③ 这是晋国大臣范文子的话,可以看出晋国将狄与秦、齐、楚大国都被视为强敌,可见当时狄的力量还是非常强大的。

鲁僖公二十一年(前639)秋,邾人灭须句,须句是小诸侯国,属于子爵。须句国君逃奔到鲁国。宋国司马子鱼对宋襄公说:"祸犹未也。未足以惩君。任、宿、须句、颛臾,风姓也。实司太皞与有济之祀,以服事诸夏。"邾人灭须句,须句子来奔。因成风也。成风为之言于公曰:"崇明

---

① 杜预注,孔颖达疏:《春秋左传正义》,阮元校刻:《十三经注疏》,中华书局1980年版,第1833页。
② 杜预注,孔颖达疏:《春秋左传正义》,阮元校刻:《十三经注疏》,中华书局1980年版,第1876页。
③ 杜预注,孔颖达疏:《春秋左传正义》,阮元校刻:《十三经注疏》,中华书局1980年版,第1918页。

祀，保小寡，周礼也。蛮夷滑夏，周祸也。若封须句，是崇暤济而修祀纾祸也。"①

子鱼的话很说明问题，他认为任、宿、须句、颛臾都是风姓，都祭祀太暤与有济，归附侍奉"诸夏"，即属于华夏民族文化圈所保护下的小附属国。后面成风的话更说明问题，"崇明祀，保小寡"就是要明确推崇提倡祭祀华夏民族文化之先祖，保护那些弱小的家邦和诸侯国，这就是周礼的具体实施。蛮夷文化削弱消减华夏文化，这是周的祸患。"蛮夷滑夏，周祸也"最能说明问题。如果能够恢复须句的国家，就是发扬太暤氏和有济的文化，这样就可以缓解或者消除灾祸了。这种观点与后来孔子提倡的"兴灭国，继绝世"的思想是一致的。可见以文化形态来分别敌我是当时各国许多政治家共同的认识。这件事最能说明文化冲突，诸夏之诸侯国共同要求保护属于同一文化习俗之部落与小国。春秋时期这种情况很复杂。

我们再用被后世反复称颂的齐桓公和管仲是怎样"九合诸侯一匡天下"的，其主要功绩恰恰表现在保护华夏文化不被异族文化战败消灭或者取代。

鲁庄公三十一年（前663），齐桓公二十三年，"山戎伐燕，燕告急于齐。齐桓公救燕，遂伐山戎，至于孤竹而还。燕庄公遂送桓公入齐境。桓公曰：'非天子，诸侯相送不出境，吾不可以无礼于燕。'于是分沟割燕君所至与燕，命燕君复修召公之政，纳贡于周，如成康之时。诸侯闻之，皆从齐。"《集解》：服虔曰："山戎，北狄，盖今鲜卑也。"何休曰："山戎者，戎中之别名也。"② 总之，山戎属于异族，不奉行周礼，而去攻打姬姓诸侯国——燕国。燕国建国很早，是北方华夏诸侯国之最大者，却遭到山戎的进攻而不能招架，亦反衬出山戎的强大。于是齐桓公亲自率军前去救援，并讨伐山戎，一直打到孤竹国。孤竹国便是伯夷、叔齐之国，国都在

---

① 杜预注，孔颖达疏：《春秋左传正义》，阮元校刻：《十三经注疏》，中华书局1980年版，第1811页。
② 《史记·齐太公世家》，(汉) 司马迁撰，(宋) 裴骃集解，(唐) 司马贞索引，(唐) 张守节正义：《史记》，中华书局1959年点校本，第1488页。

今辽宁西部喀左一带。齐桓公回国时，燕国国君庄公一直送到齐国境内。齐桓公首先遵照不是送天子则不出本国国境的周礼的规定，而将燕庄公送他进入的齐国领土赐给燕国，这样燕庄公便没有违反周礼，接着又建议燕庄公重新恢复建国初期召公的政治，并主动向周王室纳贡。其结果是"诸侯闻之，皆从齐"，可见尊王室还是有号召力的。

两年后，齐桓公二十五年（前661），齐国出兵解救遭受狄人攻击的邢。打败狄人。次年，鲁闵公二年（前660），又是狄人攻击卫国。因为卫懿公荒唐，国人都不帮助他，士兵更无斗志，军队溃败，卫懿公死。狄灭掉卫国。齐派军队帮助其复国，并将军队留在卫国帮助保卫扶持其政权。可见如果没有齐国的支援，卫国很可能就被狄灭掉了。如果再过几十年，卫国地域很可能便是狄文化的统治区了。

鲁僖公元年（前659），齐桓公率领诸侯帮助邢迁都到夷仪（今山东聊城西南），并为其修筑城池，可见是无私支援。次年（前658），齐桓公又率领诸侯帮助卫国迁都到楚丘（今河南滑县东）。

其后齐国屡次会盟诸侯，辅佐王室。当周惠王偏爱王子带而欲废长立幼时，又是齐桓公牵头率领鲁、宋、卫、郑等国君会见太子，共同拥戴其巩固了地位。后来，周惠王死，太子不敢发丧，向齐桓公求救。齐桓公再度联合鲁、宋、卫、郑、曹、陈等国国君与周人结盟，共同谋划辅弼周王室，辅佐太子即位。在齐国等诸侯国军队的助威下，太子才敢发丧即位，这便是周襄王。后世常说齐桓公"一匡天下"，指的就是这件事。

齐桓公和管仲君臣共同做的事业就是尊王攘夷，保护周礼，保护华夏文化，保护周天子。平王东迁后，能够使周文化继续维持下去，主要功劳确实应该记在所谓的"春秋五霸"身上，而齐桓公的贡献是最大的。五霸的历史作用在维护华夏文化方面是最突出的，这也是后世反复强调和歌颂五霸的原因所在。

第三节　周王室内乱频仍

东迁之后，针对王室权威在急遽下降的趋势，周平王应该通过一些政治手段来恢复威信，重建权威。可惜平王本身就缺乏政治才能，也没有很高的道德，故只能勉强维持。平王之后，周天子一代不如一代，没有出现一位有雄才大略的政治明星，故无法挽回颓势。郑国的开国国君是周宣王的同母弟，血缘关系最近，故平王一直重用郑国的国君郑武公和郑庄公。但周平王姬宜臼死后，儿子姬林继位，便是周桓王，桓王疏远郑庄公而重用桓公，郑庄公大为不满，出现"周郑交质"的历史事件，后来发展到双方动武的程度。桓王居然在战争中负伤，丢光了面子，王室威信再度下降。那是鲁桓公五年（前707）发生的事。

周桓王后，天子周庄王姬佗、周釐王姬胡齐、周惠王姬阆都没有比较高的政治智慧和手段，没有使王室的权威有起色。周惠王继位时，也发生争夺王位的斗争。当初周庄王曾经宠爱一位姓姚的妾，生儿子名颓，很受宠爱，爱屋及乌，便要立其为世子，但姓姚的妾先死，故此事没有结果。周庄王死而其嫡子姬胡齐继位，便是周釐王。周釐王在位仅五年就死了，周釐王的儿子姬阆继位，便是周惠王。周惠王在处理各种人际关系中不是很周到，得罪了五位他祖父时的老臣，这五位老臣便拥戴王子颓造反，而王子颓论辈分则是周惠王的叔父。后来周惠王在郑国、虢国武装支持下，夺回成周即今洛阳，杀死王子颓和造反的五位大夫，恢复了王位。但这样一折腾，也使本来就没有多大实力的东周王室大伤元气。东周再次衰落。到周襄王姬郑时，王室内部又出现了纷争。

前文提到过，周惠王当年偏爱王子带，太子地位受到威胁，齐桓公曾牵头率领鲁、宋、卫、郑等几位国君会见太子，共同拥戴其巩固了地位，有点后来"商山四皓"的作用，但所起的实际作用要比"商山四皓"更大，因为这些人都是地方实力派，"商山四皓"只是有道德的名声罢了。

周惠王死，太子受到公子带的威胁，不敢发丧，向齐桓公求救。齐桓公则再度联合鲁、宋、卫、郑、曹、陈等国国君与周人结盟，共同谋划辅弼周王室，辅佐太子即位。在齐国等诸侯国军队的助威下，太子才敢发丧即位，这便是周襄王。这是鲁僖公七年到八年之间的事（前653—前652），但矛盾并没有解决，因此十几年后，到鲁僖公二十四年（前636

秋——

  颓叔、桃子奉大叔以狄师伐周，大败周师。获周公忌父、原伯、毛伯、富辰。王出，适郑，处于氾。……宋及楚平，宋成公如楚，还，入于郑。郑伯将享之。问礼于皇武子。对曰："宋，先代之后也。于周为客，天子有事，膰焉，有丧，拜焉。丰厚可也。"郑伯从之。享宋公有加，礼也。冬，王使来告难曰："不穀不德，得罪于母弟之宠子带。鄙在郑地氾。敢告叔父。"臧文仲对曰："天子蒙尘于外，敢不奔问官守。"王使简师告于晋，使左鄢父告于秦。天子无出。书曰："天王出居于郑，辟母弟之难也。"①

  颓叔、桃子是惠王时老臣，大叔亦可读"太叔"，即公子带。他们联合狄人的军事力量进攻周襄王。襄王逃出洛阳，利用异族力量攻打天子，当然为天下所不许。如果从高度看，襄王与公子带的斗争也有保护周礼和毁坏周礼的性质。狄的军队胜利，也可以看出狄族政权的力量很强大。由于王室内部斗争激烈，极大地削弱了周王室的力量和威信。这件事也为晋文公争霸提供了前提。晋文公便是因为出兵护送襄王回国，打败入侵势力，杀死叛乱的公子带而成为霸主的。

  我们把这节内容概括一下，以清眉目。周礼或者说华夏文明确实遇到空前的挑战，面临严重的危机。主要表现在三个方面：

  一、夷狄等异族文化的势力很强大，与华夏民族文化在中原地区犬牙交错，相互征战，对于华夏文化是严重的威胁，如果不能在军事与政治方面进行抗衡和打击，后果堪忧，可能会导致三千年来形成的华夏文明逐渐消失灭亡。"五霸"的历史作用正是在这个方面。

  二、奉行周礼的华夏诸侯国内部也出现不尊奉礼制的严重情况，违礼

---

① 杜预注，孔颖达疏：《春秋左传正义》，阮元校刻：《十三经注疏》，中华书局1980年版，第1818页。

僭越的情况到处都有，对于以礼制为特征的华夏文化是严重摧残，是从内部发生病变，这更令人担忧。

三、周王室内部矛盾重重，周惠王因为接班人问题处理得很糟糕，留下严重后遗症，后来周襄王的弟弟公子带居然勾结戎狄进攻自己哥哥掌握的政权。其后再也没有出现精明的天子。

这三个方面的综合作用使礼乐制度、华夏文化面临严峻的考验。

正是在这种情况下，从三皇五帝流传下来，到夏商周三代不断完善发展的礼乐文化即华夏文明受到严重冲击与威胁的时候，孔子挺身而出，始终坚持"克己复礼"的政治理想，到处推行仁者爱人的政治主张，周游列国十几年，可谓百折不挠，正是孔子的坚持才使华夏文明没有断裂，才使中国具有五千年不断的文明。那么，孔子坚持"克己复礼"是不是有一定的现实可能性呢？如果没有现实可能性，不就是偏执狂吗？下面我们专门讨论这个问题。

第四节　礼乐依然是社会主流意识形态

以前有很深的印象，即前人高度赞美孔子，认为恢复礼乐制度已经是不可能的了，而孔子是"明知不可为而为之"，当时以为孔子真了不起。但仔细体味，则是莫大的讽刺，明明知道"不可为"，可是还要"为"，那不是天底下最大的傻瓜吗？"不可为"就是没有丝毫的现实可能性，既然没有现实可能性还要去做，不是幻想偏执吗？而且那么多当时的精英人物都追随着他。一个大傻瓜却赢来几十个顶尖级精英小傻瓜，都在努力"为"明知"不可为"的事，简直太不可思议了。这不能不引起我们进行更深层次的思考。

其实，孔子生活的时代，礼崩乐坏并没有达到无法修复的程度，当时许多诸侯国在处理国家政治、国与国关系中所遵循的依然是周礼。而社会主流对于人物之评价，对于是非之判断，甚至对于一些政治要人进行审判的依据也是周礼。周礼依然是社会衡量是非曲直的准则，具有普遍遵守的法规意义。实行周礼文化的华夏民族诸侯国基本是这种情况。因此孔子提倡"克己复礼"是有现实依据的，也是有现实可能性的，并不是绝对的"不可为"。

下面我们真正到《春秋左传》以及其他先秦典籍中去看看当时的社会状况，历史事实是最好的说明。

鲁隐公五年（前718）时，卫国发生动乱，郕人侵卫。为了报复，卫国的军队占领郕邑。为庆祝胜利，将要进行歌舞表演，公向众仲询问参加表演的人数，众仲回答说："天子用八，诸侯用六，大夫四，士二。夫舞所以节八音，而行八风。故自八以下。"于是便用六佾之舞。① 卫国国君是诸侯，因此用诸侯应该享受的礼乐标准，故采用了六佾之舞。可见当时之上层社会还是以周礼的规定为准则而自觉遵守的。至于季氏在自己家的庭院里便观赏八佾之舞，那已经是二百年后的事情了。

鲁桓公十五年春（前697），"天王使家父来求车，非礼也。诸侯不贡车服，天子不私求财"②。"天王"就是周天子周桓王，"家父"是人名，是周天子的大夫。堂堂天子居然派大夫到诸侯国去要车，也间接地说明当时经济状况的窘迫，想想也够可怜的。鲁国以其不符合周礼"诸侯不贡车服，天子不私求财"的规定而婉言拒绝。可见即使对天子，也可以"礼"为根据说"不"。其实，鲁桓公也够吝啬的，因为周天子认为和鲁国的关系最亲密才派人来请求帮助的，也不是用天子的身份派任务，给也是可以的，算是私人交情。

鲁桓公十八年春，"虢公、晋侯朝王。王享醴，命之宥皆赐玉五瑴，马三匹，非礼也。王命诸侯，名位不同，礼亦异数，不以礼假人"③。虢公、晋侯当时都是地位很高的诸侯，主动来朝拜周天子，而周天子则设宴

---

① 杜预注，孔颖达疏：《春秋左传正义》，阮元校刻：《十三经注疏》，中华书局1980年版，第1727~1728页。
② 杜预注，孔颖达疏：《春秋左传正义》，阮元校刻：《十三经注疏》，中华书局1980年版，第1758页。
③ 杜预注，孔颖达疏：《春秋左传正义》，阮元校刻：《十三经注疏》，中华书局1980年版，第1772~1773页。

款待，可见当时表面上还是尊崇天子的。而虢公和晋侯的爵位不同，一个是"公"，一个是"侯"，但天子所赏赐的宝物却是一样的，因此评价说"非礼也"，可见礼在当时是判断是非的主要依据和标准。

鲁僖公八年（前652）春，齐、鲁、宋、卫、曹、陈等诸侯"盟于洮，谋王室也。郑伯乞盟，请服也。襄王定位后发丧"①。周惠王死而太子不敢发丧，请求几个支持他的诸侯国，共同商议王室之大事，然后即位。可知当时人们还是承认并愿意帮助天子的。

以上是行动，而在观念上，当时的名人或者说政治家亦同样以礼来判断人物与预测其未来。鲁僖公十一年（前649），"天王使召武公，内史过，赐晋侯命。受玉，惰。过归告王曰：晋侯其无后乎？王赐之命，而惰于受瑞。先自弃也已。其何继之有。礼，国之干也，敬，礼之舆也。不敬则礼不行，礼不行则上下昏。何以长世"②。周天子赐给晋侯宝玉，晋侯很怠慢，便被严厉批评，其根据是"礼"是国家的根本和基础，"恭敬"是礼的具体表现形式，如果不恭敬便不能推行礼乐制度，礼乐不行则上下关系不明确，上下关系不明确便没有井然有序的社会秩序，如果社会没有秩序，怎么能够长治久安呢？当时依然以"礼"为治国之主干与大纲，许多政治家均坚持如此观点。

怠惰无礼的人受到批评，而坚持遵守礼制的人物则受到赞扬。春秋时期著名政治家管仲就是执行礼的模范人物。鲁僖公十二年（前648）冬，齐桓公派管仲去帮助周天子解除困境。齐国当时军队战斗力非常强，管仲马到成功。"王以上卿之礼享管仲。管仲辞曰：'臣，贱有司也。有天子之二守高国在，若节春秋，来承王命，何以礼焉。陪臣敢辞。'王曰：'舅氏，余嘉乃勋，应乃懿德，谓督不忘。往践乃职，无逆朕命。'管仲受下

---

① 杜预注，孔颖达疏：《春秋左传正义》，阮元校刻：《十三经注疏》，中华书局1980年版，第1799页。
② 杜预注，孔颖达疏：《春秋左传正义》，阮元校刻：《十三经注疏》，中华书局1980年版，第1802页。

卿之礼而还。君子曰：管氏之世祀也，宜哉！"①周襄王用招待上卿的礼节款待管仲，管仲则坚决推辞，只是接受下卿的礼数，受到君子的赞美。管仲完全是按照礼的规定来办事，完全是自觉的行为，因此受到普天下的赞美。

鲁昭公四年（前538），"夏，诸侯如楚，鲁、卫、曹、邾不会。曹、邾辞以难，公辞以时祭，卫侯辞以疾。郑伯先待于申，六月，丙午，楚子合诸侯于申。椒举言于楚子曰："臣闻诸侯无归，礼以为归。今君始得诸侯，其慎礼矣。霸之济否，在此会也。夏启，有钧台之享。商汤，有景亳之命，周武，有孟津之誓……椒举曰：'夫六王二公之事，皆所以示诸侯，礼也，诸侯所由用命也。'"②

这是楚国搞的所谓会盟，实际就是要当霸主的意思。但鲁、卫、曹、邾四国没有参加，各国都寻找了一个借口，其实就是不情愿。椒举启发楚王的话非常说明问题，意谓既然想当霸主，就要慎重实行周礼，并举出夏启、商汤、周武王等前代明君的做法为榜样，因为这些明君都能够依照礼来行事，故得到诸侯的拥戴。可见礼的传统由来已久，三代一直都是用礼来进行统治的。礼依然是当时诸侯国共同遵守的道德规范和行为准则。楚国是后起的诸侯国，但其发展势头较猛，如果要真正得到中原各华夏诸侯国的支持，则必须执行礼，依照礼的规矩来办事。

还要注意的是，椒举提出的三王会盟，即夏启、商汤、周武王都是三代的开国之君，因此，这里的礼便不能解释为"周礼"，而就是"礼"，孔子所说的"夏礼"、"殷礼"，周武王时所用的应该还是殷礼，而非周礼。这些议论更说明礼是夏、商、周三代传承下来的一种文明，故礼的历史很悠久，是一种不断传承的文化，在春秋时代便是最先进的文化。

---

① 杜预注，孔颖达疏：《春秋左传正义》，阮元校刻：《十三经注疏》，中华书局1980年版，第1802页。
② 杜预注，孔颖达疏：《春秋左传正义》，阮元校刻：《十三经注疏》，中华书局1980年版，第2035页。

第五节　礼乐是春秋时期政治家普遍坚守的信念

春秋时期，礼乐制度还是政治家们普遍坚守的信念。凡是执行周礼的国家，在政治上依然被重视。前文提到过，当异族文化的部族灭掉属于华夏文化圈的邢国时，齐国曾经出兵帮助邢复国。在救助邢国后，齐桓公曾经问管仲："鲁国可以攻取吗？"管仲立即回答道："不可，犹秉周礼，所以本也。臣闻之，国将亡，本必先颠，而后枝叶从之。鲁不弃周礼，未可动也。君其务宁鲁难而亲之。亲有礼，因重固。间携贰，覆昏乱，霸王之器也。"①

这一年是公元前661年，当时鲁庄公刚死不久，鲁国政权动荡不安，庆父兴风作浪，正是所谓"庆父不死鲁难未已"的时期，因此齐桓公才会产生趁机获取鲁国的想法。管仲认为不可以的原因是因为鲁国还是实行周礼的榜样，虽然国乱，但在基本政治方面还是坚持周礼的国家，周礼便是国家的政治根本，国家将要亡时，一定是根本先被破坏，然后枝叶跟着死亡。"鲁不弃周礼，未可动也"的话非常重要。

鲁僖公十一年（前649），周襄王派人赐给晋惠公玉，而晋惠公态度有些傲慢，去授予赐玉工作的内史回来报告说："晋侯其无后乎？王赐之命，而惰于受瑞。先自弃也已。其何继之有。礼，国之干也，敬，礼之舆也。不敬则礼不行，礼不行则上下昏。何以长世。"② 他认为，礼是国家的主干和基础，敬是态度，是礼的外在表现。如果不敬，那么礼乐便无法推行，礼乐不行则上下关系混乱不清，社会怎么会长治久安呢？这几句话不但说明周内史的远见卓识，更代表当时士人的普遍看法。确实如此，礼乐制度是当时各诸侯国政治秩序的根本，这是当时许多政治家的共识。这件事前

---

① 杜预注，孔颖达疏：《春秋左传正义》，阮元校刻：《十三经注疏》，中华书局1980年版，第1786页。

② 杜预注，孔颖达疏：《春秋左传正义》，阮元校刻：《十三经注疏》，中华书局1980年版，第1082页。

文提到过，故不赘言。

当时，鲁国、齐国、卫国都是用礼乐治国的国家。孔子曾说过："齐一变，至于鲁。鲁一变，至于道。"①又说过："鲁卫之政，兄弟也。"② 都是从遵守礼乐制度上来说的。鲁僖公三十三年（前627）齐，"国庄子来聘，自郊劳至于赠贿，礼成而加之以敏。臧文仲言于公曰：'国子为政，齐犹有礼。君其朝焉。臣闻之：服于有礼，社稷之卫也。'"③ 来宾和接待人员都按照礼的规定完成。臧文仲是鲁国贤士，齐国当时亦奉行周礼，臧文仲所说"服于有礼，社稷之卫也"的话很有价值，当时大国，主流社会还是依据周礼的，知识分子更是普遍以周礼为判断是非曲直的标准。

卫国的宁武子也是当代名人，与蘧瑗、史鱼都是卫国的大贤，孔子曾倾心赞美他："宁武子，邦有道，则知；邦无道，则愚。其知可及也，其愚不可及也。"④ 可见是位能够见机行事的智者，他曾到鲁国进行访问，鲁文公设宴招待他。

《春秋左传正义》（卷十八）详细记载了当时的情况："卫宁武子来聘，公与之宴，为赋《湛露》及《彤弓》。不辞，又不答赋。使行人私焉。对曰：'臣以为肄业及之也。昔诸侯朝正于王，王宴乐之。于是乎赋《湛露》，则天子当阳，诸侯用命也。诸侯敌王所忾，而献其功。王于是乎赐之彤弓一，彤矢百，玈弓矢千，以觉报宴。今陪臣来继旧好，其敢干大礼以自取戾。'"⑤

宁武子到鲁国来进行访问，鲁文公设宴招待，为宁武子先后赋《湛露》和《彤弓》诗。按照礼节，宁武子应该有所表示，或用赋诗的方式来回答，但他却无动于衷，没有任何表示，于是鲁文公派外交官私下去询问

---

① 《论语·雍也》，毕宝魁：《论语精评真解》，世界知识出版社2010年版，第118页。
② 《论语·子路》，毕宝魁：《论语精评真解》，世界知识出版社2010年版，第254页。
③ 杜预注，孔颖达疏：《春秋左传正义》，阮元校刻：《十三经注疏》，中华书局1980年版，第1833页。
④ 毕宝魁：《论语精评真解》，世界知识出版社2010年版，第95页。
⑤ 杜预注，孔颖达疏：《春秋左传正义》，阮元校刻：《十三经注疏》，中华书局1980年版，第1840~1841页。

是怎么回事。宁武子说：我以为这些内容在官学中都有所涉及，是很清楚的。从前诸侯在过年时去朝拜天子，天王设宴招待诸侯，才能赋《湛露》之诗。天子御驾亲征，诸侯奋勇作战，同仇敌忾建立功劳，天子才能赐红色的弓和红色的箭，才会有《彤弓》诗。如今我就是一名普通外交官，去贵国进行友好访问，怎敢接受如此高贵的诗而犯大错误呢？

宁武子的话表明他非常谨慎，对于《湛露》、《彤弓》二诗的产生以及运用的场合与对象非常清楚。他的身份与当时的场合都不配，因此他没有办法做任何表示。如果直接指出其赋诗场合与对象错误，则会使鲁文公难堪，也属于没有礼貌，又无法赋诗回答，只能无动于衷而已。一般出现这种情况也可能是听诗的人不懂是什么意思，但宁武子是卫国贤大夫，不会不懂，因此鲁文公才派外交官私下去问。

这里，宁武子"臣以为肄业及之也"的话非常重要，这句话透露出当时官学的状况，"肄业"是指当时官员都接受过官学的教育，而官学中是专门开设《诗》这门课程的。这门课程中便有在什么情况下针对什么身份的人应该赋什么诗的内容，凡是接受过官学教育的人都应该明白。

这里还涉及一个问题，即当时的官学究竟是周天子的辟雍还是各诸侯国的泮宫。平王东迁后，恐怕没有再办辟雍的能力了，不但政治方面很困难，而且经济方面也难以招架，桓王时还派人私下到鲁国去要车，可见其经济之窘迫。这样，就是各诸侯国办官学了，而各国办的官学教学内容与课程设置是否相同也难以考证。但从宁武子的话中可以知道这种知识属于常识，用今天的观点来看，应当是基础课的内容，凡是受过官学教育的人都应该懂。他的话中暗含着对于鲁国接待人员文化水平较低表示遗憾和有点震惊的意思。可惜关于官学的文献资料太少了，我们难以对其具体情况进行考察了。但从宁武子、蘧伯玉、史鱼等卫国贤人看，卫国在春秋中叶的官学水平应该是很高的，这可能也是孔子在卫国逗留时间最多的原因。

鲁文公十五年（前612），齐国军队侵犯鲁国的西部边境，于是又讨伐朝国，其理由是朝国国君曾经到鲁国朝拜。鲁国首席大臣季文子曰："齐侯恐怕难免于失败吧？自己不推行礼乐，而讨伐推行礼乐的国家。"有人问:"你为什么要实行礼乐啊?"季文子说:"礼以顺天,天之道也。己则反天,而又以讨人。难以免矣!诗曰:'胡不相谓,不畏于天。'君子之不虐幼贱,畏于天也。在《周颂》曰:'畏天之威,于时保之。不畏于天,将何能保。以乱取国,奉礼以守,犹惧不终。多行无礼,弗能在矣。'"①将礼乐制度与天道即自然规律等同起来,这是很重要的思想。季文子是季氏家族传承中的重要人物,其智慧与行政能力都非常强,在当时也可以说是政治舞台上的明星级人物,他用是否履行周礼来预测君主之前景,可见周礼作为典章制度与文化形态深入人心,是那时代知识分子普遍信奉的准则。

以上事实说明在春秋时期礼乐制度还是各大诸侯国普遍实行的政治制度,而活动于各国政治舞台以及奔波于各国之间的政治精英们也都以是否实行礼乐制度来判断是非。礼乐制度遇到一些挑战,但还没有达到完全"礼崩乐坏"的程度,因此恢复周礼,重建天下新秩序并非没有可能。

鲁僖公二十七年(前633),当时晋国和楚国争霸,楚成王联合陈、蔡、许等国讨伐宋国,宋向晋国求救。晋文公集结军队,组成三军,准备战争,挑选主帅。这时,赵衰曰:"郤縠可臣,亟闻其言矣。说礼乐而敦诗书,诗书,义之府也。礼乐,德之则也。德义,利之本也。《夏书》曰:'赋纳以言,明试以功,车服以用。'君其试之。"②选择将帅却要看其对于礼乐诗书的态度,可见文化水平以及对于礼乐的热爱与执行依然是当时人们所追求的,也说明礼乐是当时社会政治所必需。

鲁僖公三十三年(前627),齐国派上卿国庄子访问鲁国,从郊区开始迎接一直到赠送礼物,整个过程都非常符合礼的要求,而且极其规范熟练。鲁国大臣臧文仲言于公曰:"国子为政,齐犹有礼。君其朝焉。臣闻

---

① 杜预注,孔颖达疏:《春秋左传正义》,阮元校刻:《十三经注疏》,中华书局1980年版,第1856页。
② 杜预注,孔颖达疏:《春秋左传正义》,阮元校刻:《十三经注疏》,中华书局1980年版,第1822页。

之:'服于有礼,社稷之卫也。'"①

这件事虽然在上文提到过,但这里有必要再分析一下。通过此事起码可以看出这样几方面的情况:一、齐国当时亦奉行周礼,国氏和高氏是齐国两大贵族,在齐国的地位很像鲁国的三大家族,即季孙氏、叔孙氏、孟孙氏。而国庄子对于礼仪如此熟悉敏感,表现出很高的水平,说明齐国君臣平常也使用这些礼仪。二、鲁国按照礼的规矩来接待,说明鲁国确实是实行周礼的典范。三、臧文仲所说"服于有礼,社稷之卫也"的话很有价值,当时大国,主流社会还是依据周礼的,知识分子更是普遍以周礼为判断是非曲直的标准。

第六节 当时还没有新型的文化与政治制度出现

春秋时期,天下大势是三代以来逐渐形成完善的礼乐制度出现危机,但依然还是许多大型诸侯国所遵守的政治文化制度,其他文化与政治制度没有出现强有力的竞争者。

当时,处在华夏文化诸侯国之间和周边的其他异族文化,最强势的是夷、狄、戎、蛮,这四种文化的具体情况现在恐怕难以搞得很清楚了,根据历史文献资料记载,四种文化的称谓在地理方位上的分别更大一些。这样,异族文化便没有形成一定的规模,甚至这些异族文化是否有自己的语言文字都很难说。恐怕很多异族当时说的也是华夏族文化圈中的话。后世曾经强大的女真族以及契丹族,在进入中原前并没有自己的文字,即使有也非常简单,不成系统,不能成为交流语言的工具。而当时汉字已经非常发达了,《诗经》、《易经》、《左传》中的文字便非常完备,已经成为记载人们历史、交流思想的工具。

历史上非常著名的伯夷、叔齐是孤竹国人,而孤竹国当年曾经侵犯燕

---

① 杜预注,孔颖达疏:《春秋左传正义》,阮元校刻:《十三经注疏》,中华书局1980年版,第1883页。

国,是很强大的异族政权。前文曾写到这件事,《史记·集解》:服虔曰:"山戎,北狄,盖今鲜卑也。"何休曰:"山戎者,戎中之别名也。"可知孤竹国属于山戎,是戎的一种。这样,戎、狄、蛮、夷便是统称,下面还有许多不同部族,可知这些异族没有统一的文化。而伯夷、叔齐因为让国出走,最后因不食周粟而饿死首阳山,死前二人曾作一首《采薇歌》,是很标准的汉语,此歌在当时是很高水准的表现。根据这种情况,我们有理由相信,孤竹国人说的是夏、商、周流传下来的国语,否则是不可能创作出如此高水平的诗歌作品的。

孤竹国是生活在今天辽西一带的异族政权,具有相对独立性,但其文化主要形态即语言依旧是当时通行的华夏民族的语言。通过这件事可以推测当时居住在中原地区的其他异族可能也是这种形态,只是政治制度、婚姻礼俗、祭祀对象与方式、服装样式、生活风俗等与诸夏不同而已。因此,尽管礼乐文化出现很多问题,但必须有新的更高的文化出现才可以取代礼乐文化,只要这种新文化没有出现和形成,礼乐文化便有继续存在流传的可能性。

孔子反复强调自己"述而不作",其实即使是传述古代文化,孔子也有自己的倾向性,也是通过选择的。康有为在《孔子托古改制考》一书中认为孔子完全是自己在创建一种新的社会模式,三代的历史文化都是孔子根据自己要创建的社会模式杜撰的,虽然武断而不符合事实,但如果说孔子不是简单的"述而不作",而是借"述"来作,依托古代文化而建设新文化是可以接受的。

因此,孔子思想不是食古不化,不是墨守成规,而是经过选择后集中最优秀的文化遗产来重新构建新的道德体系和伦理框架。孔子并不认为一切都是古代的好,而是根据其具体情况来确定是否采纳。因当时还没有新的文化或更优秀的文化出现,孔子在全面继承前代优秀文化遗产的基础上,打着"克己复礼"的旗帜,以复古相号召来推行自己的政治主张便可以充分理解了。

还有一层因素也应该考虑进去,这便是孔子热切盼望周天子或较强大诸侯国中出现政治明星,这样,在原有基础上便可以重新恢复西周初年的和平繁荣景象。而在孔子出生前,晋国就曾经出现这样的君主。

鲁成公十八年(前573)时,晋国便出现这样一位人物。

> 十八年春,王正月,庚申,晋栾书、中行偃,使程滑弑厉公,葬之于翼东门之外。以车一乘。使荀䓨、士鲂逆周子于京师而立之。生十四年矣。大夫逆于清原,周子曰:"孤始愿不及此,虽及此,岂非天乎?抑人之求君,使出命也。立而不从,将安用君。二三子用我今日,否亦今日,共而从君,神之所福也。"对曰:"群臣之愿也,敢不唯命是听!"庚午,盟而入。①

晋厉公是著名的残暴之君,故被晋国大臣派人杀害,然后迎立周子名姬周,为晋悼公。年仅14岁,便如此精明有胆识,确实是难得的少年政治家。而其兄弱智,才轮到他被拥立为国君,也是天命。他即位前之举动便很不寻常,即位后明智敏捷,很快革除弊政,施行开明政治,晋国很快再度称霸。

晋悼公是在正月即位,在秋天"(鲁成)公至自晋,晋范宣子来聘,且拜朝也,君子谓晋于是乎有礼。秋,杞桓公来朝,劳公,且问晋故。公以晋君语之。杞伯于是骤朝于晋,而请为昏"②。

晋国新君执政,完全按照周礼执政行事,派范宣子到鲁国访问,并依照周礼朝拜鲁君。秋天,杞国桓公到鲁国访问,慰劳鲁君,并询问晋国的情况。鲁君把晋国新君的情况告诉杞桓公,桓公立刻决定到晋国访问,并请求与之结为婚姻之国。刚刚上任的14岁的小国君,就使晋国立即改变面貌,立即产生很强的国际影响,可见当时社会对于周礼的认同程度还是非

---

① 杜预注,孔颖达疏:《春秋左传正义》,阮元校刻:《十三经注疏》,中华书局1980年版,第1923页。
② 杜预注,孔颖达疏:《春秋左传正义》,阮元校刻:《十三经注疏》,中华书局1980年版,第1925页。

常高的。如果晋悼公能够长期执政，坚持推行开明政治的话，春秋历史发展的轨迹可能会产生一些变化。历史唯物主义告诉我们，建设或推行开明政治，必须要有一定的政权基础，而晋国是当时的大国强国。可惜的是这位大国明君却英年早逝，不到三十岁便患病而死，可见是天意弄人。

  综上所述，可知孔子坚持"克己复礼"是有一定现实根据的。春秋初期才开始出现天下失控，强大诸侯国各行其是的局面。但全天下主流的意识形态还是周礼，各大诸侯国国君依旧还坚持周礼的典章制度，主要政治家和大国君臣依然用周礼来判断是非与评价人物。同时，各异族文化虽然对华夏民族诸侯国有冲击，但往往都是争夺地盘或物质，最多是争夺统治权，没有形成新的文化形态，故夏、商、周三代形成的礼乐文化依然是当时最先进最优秀的文化，如果出现高水平的政治家，恢复周礼并不是没有可能的。正是在这种情况下，孔子才用毕生的精力坚持"克己复礼"的政治主张，才大力提倡"仁学"。下面我们便进入孔子的精神世界中，去探讨孔子拯救人类的良苦用心。

第三章　孔子的社会政治理想

第一节　大贵族的后裔

孔子是没落贵族，是大贵族的后裔，因此他的血管里流淌着贵族的血液，他生命的基因里有着贵族文化的基因。

根据《史记·孔子世家》以及《孔子家语》记载，孔子先世是殷商王室的后代。武王灭纣，封商纣王的儿子武庚禄父以及殷商遗民在商丘，为宋国。"封商纣子禄父殷之余民。武王为殷初定未集，乃使其弟管叔鲜、蔡叔度相禄父治殷。"① 并派管叔、蔡叔为相，辅助其治理国家。

后来武王死，周公摄政，管叔和蔡叔散布流言蜚语并勾结武庚禄父造反，才导致周公亲自率兵东征，打败造反者，诛杀管叔，流放蔡叔，废弃并杀掉武庚禄父，重新寻找殷商三贤人之一的微子启为国君。"周公既承成王命诛武庚，杀管叔，放蔡叔，乃命微子开代殷后，奉其先祀，作《微子之命》以申之，国于宋。"② 这是西周初年历史乃至中国历史上的大事件。《诗经》中的一些诗篇便与这次东征有关。

从微子启四传而到宋湣公，宋湣公长子弗父何，次子鲋祀。宋湣公死

---

① 《史记·周本纪》，(汉)司马迁撰，(宋)裴骃集解，(唐)司马贞索隐，(唐)张守节正义：《史记》，中华书局1959年点校本，第126页。
② 《史记·宋微子世家》，(汉)司马迁撰，(宋)裴骃集解，(唐)司马贞索隐，(唐)张守节正义：《史记》，中华书局1959年点校本，第1621页。

时，没有把国君的位置传给儿子，而是传给弟弟，这便是炀公。兄终弟及这种传位方式在殷商时代也不是不可以。弗父何没有在乎，但他弟弟鲋祀则不满意，杀害了叔父炀公，请弗父何为国君。弗父何很为难，因为如果他为国君的话，就应该治弟弟弑君之罪，家庭关系也不好处理，便坚决辞让。于是鲋祀便自立为君，这便是宋厉公。而弗父何为卿，实际就是哥哥当了弟弟的臣子。

弗父何之后，孔子先人的辈分次序是：弗父何①—宋父周②—世子胜③—正考父④—孔父嘉⑤—别为公族，姓孔氏，生木金父⑥—夷⑦—曾祖孔防叔⑧—祖伯夏⑨—父亲叔梁纥⑩。

在孔子的先人中，孔父嘉很重要，因为圣人姓"孔"便是从孔父嘉开始的。如果从湣公算起，到孔父嘉已经是第六代，则已出五服，由于弗父何没有继承君位，故算是小宗，可以别为公族，有自己的姓。孔父是字，嘉是名，于是便以"孔"为姓。孔父嘉被宋国华督陷害所杀。

孔父嘉的父亲正考父是大贤人，曾经辅佐三位国君，恭谨勤勉。鲁国孟孙氏重要人物孟僖子在临终时嘱咐自己的两个儿子一定要拜孔子为师，他说：

> 三月，公如楚，郑伯劳于师之梁。孟僖子为介，不能相仪。及楚，不能答郊劳。……九月，公至自楚。孟僖子病不能相礼，乃讲学之，苟能礼者从之。及其将死也，召大夫曰："礼，人之干也。无礼无以立。吾闻有达者，曰孔丘。圣人之后也，而灭于宋。其祖弗父何以有宋，而嗣让厉公。及正考父佐戴、武、宣公。三命兹益恭，故鼎铭云：'一命而偻，再命而伛，三命而俯，循墙而走，亦莫余敢侮。饘于是，粥于是，以餬余口。'其共也如是。臧孙纥有言，曰：'圣人有明德者，若不当世，其后必有达人。今其将在孔丘乎？我若获没，必属说与，何忌于夫子？'"使事之而学礼焉，以定其位。故孟懿子与

南宫敬叔,师事仲尼。"①

这是昭公七年的记载,孟僖子因为出国参加外事活动不能按照周礼之要求应对外交事务而受到触动,极力提倡学习礼仪。临终遗言中提到正考父之鼎铭,这是非常有名的铭文。正考父是孔父嘉的父亲,是非常有道德的大贤人。其实这种铭言至今依然有座右铭的作用,我们将其分析一下,对于我们的现实生活也有参考作用。

"三命"是指前后受到三位国君的重用和任命,第一次被重用时,则微微弓腰而表示谦虚诚恳,第二次被重用任命时,腰弯得更深了,更加谦恭和蔼。第三次被重用任命时,则简直要弯腰走路了,而且都走路边,把正路让给其他人。极其谦恭。但也没有人敢侮辱他。他就用这个鼎来做稀粥,来做蒸饭,用来餬口维持生计。正考父是宋国国君的直系血亲,是位掌握国家权力的高官。如此高贵的地位,却如此谦恭谨慎,本身便是道德高尚的表现。孔子终生强调节俭谦虚,没有丝毫傲慢奢侈的缺点,确实是对祖先美德与传统的继承。

孔父嘉被杀后,其后代在宋国生活得惴惴不安,孔父嘉的曾孙孔防叔被华氏所威逼,逃亡到鲁国,从此在鲁国定居。孔防叔的孙子便是孔子的父亲孔叔梁纥。叔梁纥是大将,威猛有力,与秦堇父、狄弥为鲁国三大将。鲁襄公十年(前563),晋国为盟主,率领鲁、齐、卫等多国联军攻打偪阳,刚进去一部分军队时,偪阳守城人突然放下悬着的城门,如果城门下来,则将内外阻隔,进去的军队则成瓮中之鳖。在千钧一发之际,叔梁纥拼尽全力用双手托住城门,城里的人安全撤出,没有造成重大损失。而叔梁纥一举成名,震动天下。试想,能够用手托住下坠的城门,力气该如何巨大,可以知道叔梁纥在当年是很有名气的武士。

这样,孔子前十代都是大贵族,他父亲叔梁纥还是大夫,亦属于贵

---

① 杜预注,孔颖达疏:《春秋左传正义》,阮元校刻:《十三经注疏》,中华书局1980年版,第2048~2051页。

族,虽然家道已经没落,但其文化底蕴还是很丰厚的。

孔子的遗传基因还有她母亲颜征在的。据《史记·孔子世家》记载:

> 伯夏生叔梁纥,虽有九女,而无子。其妾生孟皮,孟皮一字伯尼,有足病。于是乃求婚于颜氏,颜氏有三女。其小曰徵在。颜父问三女曰:"陬大夫虽父祖为士,然其先,圣王之裔,今其人身长十尺,武力绝伦,吾甚贪之,虽年长性严,不足为疑。三子孰能为之妻。"二女莫对,徵在进曰:"从父所制,将何问焉?"父曰:"即尔能矣!"遂以妻之。徵在既往。庙见,以夫子年大,惧不时有男,而私祷尼丘之山以祈焉。生孔子,故名丘而字仲尼。①

孔子的母亲是其家中最小的女儿,也是位有见识而勇敢的女性。虽然没有具体年龄的记载,但从孔子父亲叔梁纥已经有九个女儿和一个儿子来看,叔梁纥的年龄应该很大了。而孔子的母亲是颜家三个女儿中最小的,两个姐姐都未嫁,她恐怕不到二十岁,是典型的老夫少妻型婚姻。既然曰"庙见",可见是很重视很严肃的婚姻。

家族的贵族血统,母亲聪明有胆识的遗传基因,共同孕育出孔子这样的文化伟人。孔子爱好学习,爱好古代文化有天生的因素,这一点是不应回避的。而鲁国的人文环境又促使他在这方面不断发展。

自从平王东迁以后,在整个春秋时期的二百多年里,鲁国一直是执行周礼的模范,无论在现实政治方面还是礼乐制度的实物即礼器与仪式的文献资料方面,鲁国都是最全的,故亦最具有权威性。孔子曾说:"齐一变,至于鲁,鲁一变,至于道。"②(《论语·雍也》)便是对鲁国在实行周礼方面最高的评价。孔子认为,当世实行周礼最好的国家是齐国和鲁国,而鲁国还要高于齐国。齐国如果能够进行变革,推行仁政,向好的方向发展,

---

① 《丛书集成初编》第三册,中华书局 1985 年版,第 235 页
② 毕宝魁:《论语精评真解》,世界知识出版社 2010 年版,第 118 页。

就可以达到鲁国的境界。而鲁国如果向好的方向再迈进一步的话,就可以达到"道"的境界,即实行礼乐制度的完美境界了。

的确如孔子所说的那样,我们仔细阅读春秋三传,就会发现在孔子生活的年代以及前一段历史时间里,鲁国在实行礼乐方面还是最好的,尽管已经出现一些僭越的行为,但国君还是在坚持依照周礼来行事,许多有眼光的政治精英也都自觉依据周礼来判断是非,有一种氛围,这非常重要。

鲁庄公二十三年(前671)夏,庄公要到齐国参观"社",可能是新建成的祭祀场所,这样做不符合礼制的规定。鲁国因为指挥长勺之战取得胜利而被重用的曹刿劝谏道:"不可。夫礼,所以整民也。故会,以训上下之则。制财用之节,朝以正班爵之义。帅长幼之序。征伐以讨其不然。诸侯有王,王有巡守。以大习之。非是君不举矣。君举必书,书而不法,后嗣何观。"①(卷十)"君举必书,书而不法,后嗣何观"这三句话非常重要,国君的举动必须记载,记载下来的行为如果不符合法度,后来的人将会怎么看您啊!可以知道古代史官的高度责任感与敬业精神,亦可以看出当时国君以及大臣都有所顾忌,即他们怕被史官记载下自己违反礼法的行为而被后世所嘲笑。这种自觉的历史意识反映出当时士人对于周礼文化的高度认同。可能正是这种意识带有普遍性,人们都顾忌身后的名声与评价,因此孔子笔削《春秋》才有意义,才会起到一定的震慑作用。如果人们没有廉耻之心,哪还会顾忌身后之名声与评价?

鲁文公十二年(前615)春,"郕伯卒,郕人立君。太子以夫锺与郕邿来奔。公以诸侯逆之,非礼也。……杞桓公来朝,始朝也。……秋,滕昭公来朝,亦始朝公也。秦伯使西乞术来聘,且言将伐晋"②。

这条简短的记载却是三件事,一是鲁国临近的小国郕国国君死,郕人另立国君,于是太子率领他的同党到鲁国来寻求政治避难,鲁文公依照诸

---

① 杜预注,孔颖达疏:《春秋左传正义》,阮元校刻:《十三经注疏》,中华书局1980年版,第1778~1779页。
② 杜预注,孔颖达疏:《春秋左传正义》,阮元校刻:《十三经注疏》,中华书局1980年版,第1851页。

侯的礼仪来迎接，不符合礼制，这是批评意见。后面所记是两件事，一是说同一年，两个未曾朝拜过鲁国的小国杞和滕都首次来朝拜，也就相当于现代的建立外交关系；二是说强大的秦国也派专使来访问，并征求将要讨伐晋国的意见。可见鲁国在当时诸侯国中尚有相当地位，这与其坚持周礼的政治局面有关。亦可看出当时周礼还是被广泛认同的，鲁国在天下的地位也还是可以的，这就为后世孔子一心要恢复周礼的行为提供了历史依据。

鲁文公十五年（前612）"夏，曹伯来朝。礼也。诸侯五年再相朝，以修王命，古之制也"①。曹国国君到鲁国来朝拜，共同商讨执行周天子的事宜，而且五年朝拜一次，是"古之制也"，这里的"古之制"当是指西周时的制度。说明天下一些诸侯还是能够遵守古代遗留的政治制度的。

鲁文公十五年（前612），齐侯侵犯鲁国西边边境，并讨伐曹国，因为曹国来朝拜鲁国，进入曹国外城。针对这种局面，鲁国执政大臣季文子说："'齐侯其不免乎？己则无礼，以讨于有礼者。'曰：'女何故行礼。礼以顺天，天之道也。己则反天，而又以讨人。难以免矣！'诗曰：胡不相畏，不畏于天。君子之不虐幼贱，畏于天也。在《周颂》曰：畏天之威，于时保之。不畏于天，将何能保。以乱取国，奉礼以守，犹惧不终。多行无礼，弗能在矣。"②

季文子即孔子赞美之人，是鲁国季孙氏权力传承中的重要人物，季孙氏在鲁国权势地位的奠定人是季友，季文子是季友之孙，季文子之子季武子亦是英明有才之人，他们父子两代奠定了季氏的独尊地位。季武子后便是季平子，季平子后是季桓子，这两代人与孔子同时，孔子晚年在鲁国执政的则是季康子了。而在这时期，季文子不但是鲁国权臣，而且是全天下重要的政治人物，他用是否履行周礼来预测君主之前景，是很深刻的，可

---

① 杜预注，孔颖达疏：《春秋左传正义》，阮元校刻：《十三经注疏》，中华书局1980年版，第1855页。
② 杜预注，孔颖达疏：《春秋左传正义》，阮元校刻：《十三经注疏》，中华书局1980年版，第1856页。

见周礼作为典章制度与文化，深入人心。

穆叔访问晋国的事也很有情趣，且很说明问题。鲁襄公四年（前569），鲁国派大臣穆叔到晋国访问，回报晋国大臣知武子对于鲁国的访问。晋侯款待他。"金奏肆夏之三，不拜。工歌文王之三，不拜。歌鹿鸣之三，三拜。"①

晋国大臣韩献子派外交人员子员去询问穆叔："你接受贵国国君的使命来我们国家出使，我们国君用高规格的礼仪来招待您，您为什么舍弃隆重的礼乐不拜，而拜小的礼乐呢？我斗胆问一下，这是什么礼节啊？"穆叔回答："三夏，天子所以享元侯也。使臣弗敢与闻。文王，两君相见之乐也，臣不敢及。鹿鸣，君所以嘉寡君也，敢不拜嘉？四牡，君所以劳使臣也，敢不重拜？皇皇者华，君教使臣曰必咨于周。臣闻之：'访问于善为咨，咨亲为询，咨礼为度，咨事为诹，咨难为谋'，臣或五善，敢不重拜。"②

穆叔回答的大意是，乐队演奏"三夏"的乐章，那是享乐国家元首的，是专门为国君演奏的，我怎么敢接受？"文王"的歌词是两国国君相见时演奏歌唱的歌曲，我怎么敢接受？而"鹿鸣"是贵国国君赞美我们国君的，我是使者，当然可以代替我们国君接受并答拜，既然代替国君答拜，我本人也应该答拜，因此才"重拜"，即反复拜谢。此事可见鲁国大臣对于周礼的熟练程度，确实强于晋国君臣，晋用最隆重礼仪接待鲁国使臣，但有的音乐超过了规格，所以穆叔不拜，拜则表示接受。穆叔却完全依照周礼要求来行事，晋国君臣均不理解，说明他们都不懂这些规矩，而穆叔的回答却是有理有据。

鲁国君臣的礼乐水平是最高的，晋国是老牌姬姓王国，其君臣之礼乐水平与鲁国依然有相当的差距，其他诸侯国则更差。在鲁昭公二年，晋国

---

① 杜预注，孔颖达疏：《春秋左传正义》，阮元校刻：《十三经注疏》，中华书局1980年版，第1931～1932页。

② 杜预注，孔颖达疏：《春秋左传正义》，阮元校刻：《十三经注疏》，中华书局1980年版，第1931～1932页。

派执政大臣韩宣子到鲁国来访问，而且通告鲁国他开始升为晋国执政大臣，这是一种外交礼节。

韩宣子到鲁国后，"观书于太史氏，见易象与《鲁春秋》。曰：'周礼尽在鲁矣。吾乃今知周公之德，与周之所以王也。'公享之。季武子赋《绵》之卒章。韩子赋《角弓》。季武子拜曰：'敢拜子之弥缝敝邑。寡君有望矣。'武子赋《节》之卒章。既享，宴于季氏，有嘉树焉，宣子誉之。武子曰：'宿敢不封殖此树，以无忘《角弓》。'遂赋《甘棠》。宣子曰：'起不堪也，无以及召公'"①。

晋国在当时有重要影响，是大国强国，韩宣子刚刚执政便到鲁国进行访问，充分表现出对鲁国的重视以及对于礼制的向往。他那"周礼尽在鲁矣。吾乃今知周公之德，与周之所以王也"的感叹很说明问题，一是当时的周礼文化全都保存在鲁国；二是他感叹周礼的完善与合理，更加理解周公的道德与周所以得天下的原因，这些都是非常深刻的认识，从而也告诉我们鲁国所保存的周礼文化最完备最权威。这些也为孔子掌握礼乐文化提供了良好的文化环境。

季武子与韩宣子相互用《诗经》来进行交流的过程与内容可以看出这两位当时著名大臣文化水准之高，对于两国历史之熟悉以及对外交礼仪之熟谙。

第二节　孔子生年与生日

目前，国学很热，孔子也再度热起来，近来每年一度的祭孔大典都非常隆重，都是在 9 月 28 日举行，但这个日子是缺乏依据的。关于孔子生日这样非常实际而迫切的大问题，却一直没有非常权威可信的说法，令人困惑。如果没有文献可资考证，也无话可说；如果有文献可以考证确定，则

---

① 杜预注，孔颖达疏：《春秋左传正义》，阮元校刻：《十三经注疏》，中华书局 1980 年版，第 2029 页。

应该重新讨论并确定之。因为这关系到到底把哪一天作为孔子诞辰纪念日的问题,故必须极其慎重。

就目前看,孔子生日主要说法有两种,即周灵王二十一年十月二十七(即夏历八月二十七,本月朔日是 9 月 8 日),公历则是公元前 551 年 10 月 4 日;或者说是周灵王二十年十一月二十一,对应的公历则是公元前 552 年 10 月 3 日。这两种说法对应的公历都不是 9 月 28 日。前说是最主要的说法,即农历八月二十七。公历 9 月 28 日的说法如何得来实在不知道,目前大规模的纪念孔子活动都是此日。钱穆先生说:"孔子生于鲁襄公二十二年,亦有云生于鲁襄公二十一年者。其间有一年之差。两千年来学人各从一说,未有定论。今政府规定孔子生年为鲁襄公二十二年,并推定阳历九月二十八日为孔子之诞辰,今从之。"[①]钱穆先生是随从"政府的规定"并没有进行进一步的考证与推论,但这种说法实在令人怀疑,缺乏科学根据,因为与孔子生日最早的记载完全不同,故难以令人信服。孔子的生日不是无法考证的,有很坚实的文献资料可以推论考辨出来,下面我们便条分缕析地进行推论。

一、农历生日就是错的

孔子生日公历为 9 月 28 日,我始终无法知道这种说法起源于何时,是怎么推算出来的。在费尽周折后,终于找到这种说法的源头,但如何推论出来的却依然茫然。

既然是公历,就一定在推翻清朝后,因为在民国以前采用农历,不涉及公历问题。既然采用公历,就一定是辛亥革命后民国年间的事。进入民国后第一次祭孔是在 1913 年 9 月 28 日,并且认为这天就是孔子生日。鲁迅先生在日记中记载了这件事,鲁迅是当事人,所记当然可信。《鲁迅日记·上卷》载:

---

① 钱穆:《论语新解》,生活·读书·新知三联书店 2005 年版,第 5 页。

　　　　九月二十八日。星期休息。又云是孔子生日也。昨，汪总长令部
　　员往国子监，且须跪拜。众已哗然。晨七时往视之，则至者仅三四十
　　人。或跪或立，或旁立而笑。钱念敂从旁大声出骂，顷刻间便草率了
　　事，真一笑话。闻此由夏穗卿主动，阴鸷可畏也。①

　　据《鲁迅日记》可知，时任教育总长的汪大燮策划并组织给孔子过生日之活动，开创以此日祭孔之先河。但这个日子是如何得出的，未见明确的说法。鲁迅先生只说"又云是孔子生日也"，有点不屑一顾的语气，因此他也不置可否，更不谈如何得来的。但1913年八月朔日是公历9月1日。如果按照农历二十七推衍，则是9月27日，而不是28日。不知是推算之小误还是其他原因而以9月28日为孔子诞辰。但无论是如何推论出来的，都是错误的，因为农历八月二十七这一前提就是错的。

　　公历之月日是在农历基础上换算出来的，故农历之日月便是根，根错则果不必谈。那么农历之日月是怎么产生的呢？

　　孔子诞辰为农历八月二十七，出自孔子五十一代孙金代孔元措的《孔氏祖庭广记》（卷八），原文是"周灵王二十一年庚戌岁，即鲁襄公二十二年，冬十月庚子日，先圣生，即今之八月二十七日"，而这一结论是大有问题的。

　　司马迁《史记·孔子世家》载："鲁襄公二十二年而孔子生"，鲁襄公二十二年便是周灵王二十一年，但没有记载月日，于是孔元措采用《春秋公羊传》和《春秋穀梁传》中"庚子"生的日期，将孔子的生日确定在鲁襄公二十二年十月的"庚子"日，而此年十月甲戌朔，以此顺推到庚子日，便是二十七。又，春秋时采用周历，建子之月，而孔元措时已采用夏历，为建寅之月，那么春秋时的十月便等同于宋元时期（中国秦汉后绝大部分时间采用夏历）的八月，这一点没有问题。这样，孔元措便认定孔子生日为夏历"八月二十七"。

---

① 《鲁迅全集》，人民文学出版社1976年版，第63页。

清代孔广牧在《先圣生卒年月日考》文中说："谨案先圣之生，年从《史记》，月从《穀梁》，日从《公羊》、《穀梁》。"① 这样年月日分别采用三种著作，本身就很不科学。而且《春秋公羊传》和《春秋穀梁传》两书关于月份的记载并不矛盾，后文将详细考论。

如前文所指，孔元措用两传记载的"庚子"日与司马迁鲁襄公二十二年说法捏合在一起是不符合实际的，因为两传记载孔子生日的前提是鲁襄公二十一年，与司马迁的"二十二年"差一年，两年农历本来也不可能一致。简言之，孔元措在年代上采用二十二年，而月日却采用二十一年，焉能不错？

二、最重要的文献

学术考证好像法官断案，要进行严密的推理，要注重证据以及证据间的关系。对于孔子的生日来说，离他越近的文献越可靠。在《论语》中，我们无法发现关于孔子生日的蛛丝马迹。距离孔子时代最近、记载孔子生日最原始的文献莫过于《春秋三传》。其后，比较早一点的关于孔子的文献主要有《孔丛子》和《孔子家语》两种。此二书最晚成书于汉末魏初时期，两书在孔子生日方面没有有价值的文字。再以后的文献更不可靠，不能取信，也不必参考。《孔氏祖庭广记》因为出自孔子嫡系子孙之手，故影响很广，但其是孔子身后一千几百年后的说法，其根据本身就有问题，前文已论述过，不赘。因此《春秋三传》便是研究、推测孔子生日最重要的文献。下面我们便从《春秋三传》中相关的记载来进行推论。

《左传》上没有记载孔子出生的字样，这种现象是有原因的，我们姑且放置后面进行推论说明。那么，最近的就是《春秋公羊传》和《春秋穀梁传》了，我们就从这两本书中相关的记载开始推论。

《春秋公羊传》和《春秋穀梁传》都有孔子出生具体日期的记载，而这两传都是孔子高徒子夏传授下来的。

---

① 转引自柳诒徵撰，蔡尚思导读《中国文化史》（上册），上海古籍出版社2001年版，第263页。

《春秋公羊传》传承脉络如下：子夏→公羊高→公羊平→公羊地→公羊敢→公羊寿→胡毋子、董仲舒→嬴公→睦孟→庄彭祖、颜安乐→阴丰、刘向、王彦→……何休→……徐彦。①即由子夏传给公羊高，其后四传至公羊寿，才正式书写成册。胡毋生、董仲舒都是公羊寿弟子。

《穀梁传》也是子夏传授下来的。子夏传授给穀梁赤。由穀梁赤传承下来。②在汉宣帝时，《穀梁传》很受重视。子夏是孔子亲密弟子之一，孔子很喜欢他。子夏对老师也非常尊重，他应该知道老师的生日，因此这种记载应该是可靠的。我们只要把《春秋公羊传》、《春秋穀梁传》中关于孔子生日的记载考证解释清楚，能够证明两传没有矛盾，那么孔子的生日就可以确定了。

《春秋公羊传》中说：

> 鲁襄公二十一年。九月，庚戌朔，日有食之。冬，十月，庚辰朔。日有食之。曹伯来朝。公会晋侯、齐侯、宋公、卫侯、郑伯、曹伯、莒子、邾娄子于商任。十又一月，庚子，孔子生。③

再看《春秋穀梁传》中说：

> 鲁襄公二十一年。九月，庚戌朔，日有食之。冬，十月，庚辰朔。日有食之。曹伯来朝。公会晋侯、齐侯、宋公、卫侯、郑伯、曹伯、莒子、邾子于商任。庚子，孔子生。④

有的学者认为两传有矛盾，公羊传上说"十又一月"，是十一月的"庚子日"孔子诞生。而《穀梁传》上记载是十月的庚子日孔子诞生，月

---

① 参见《四库全书总目》，中华书局1965年版，第210~211页。
② 参见《四库全书总目》，中华书局1965年版，第211页。
③ 《春秋公羊传注疏》卷二十，阮元校刻：《十三经注疏》，中华书局1980年版，第2309页。
④ 《春秋穀梁传注疏》卷十六，阮元校刻：《十三经注疏》，中华书局1980年版，第2430页。

份不同。但如果我们仔细思索，就会发现《公羊传》只比《穀梁传》多"十又一月"四个字，其他文字基本相同。如果我们以"庚辰朔"，"庚子"日生来推断，两传则完全一致。

因为如果以"庚辰"为朔，即初一来推，都推到庚子日，那么孔子的生日按照公历就可以推出来了。依据张培瑜编著的《三千五百年历日天象》一书，鲁襄公二十一年十一月是庚辰朔，本日公历是9月19日。①这样，庚辰是初一，顺推到庚子日，则是二十一。再从9月19日顺推，正好是公历10月9日。因此，孔子的生日可以确定在这一天。

有的学者认为，春秋三传中，《左传》干脆没有记载，而《公羊传》和《穀梁传》记载的月份又不同，故不足取信。下面就这个问题再进行说明。

《公羊传》中的"十又一月"当是衍文。何休在本句下注释说："庚子，孔子生，传文上有十月庚辰，此亦十月也。一本作十一月庚子，又本无此句。"何休当时看到的两个版本《春秋公羊传》中，另一个版本就没有"十一月"的字样。何休的说明非常重要，他已经注意到这个问题了。"传文上有十月庚辰，此亦十月也"的判断也非常重要，他认为既然前面有"十月庚辰"四字，那么此"庚子"日也是十月。如果十月朔日是庚辰，第一个庚子日便是十月二十一，下一个庚子日就到十二月中旬了，因为十一月根本就没有"庚子"日。这样推断，"十又一月"的记载是绝对错误的，而另一版本没有此四字，就证明其是衍文无疑。这样分析，两传对于孔子生日的记载就完全一致了。至于两传均记载"十月庚辰朔"，而对应《三千五百年历日天象》的月份是十一月，那是另外的历法问题，因为春秋时期历法不严格，夏、商、周三正并用，鲁国也有自己的历法，有时会造成混乱，因此这一问题我们可以忽略。只要牢牢抓住"庚辰朔"、"庚子"生这两个最关键日期就可以，而当年当月的庚辰朔就是9月19日，这样，孔子的生日就可以确定了。

---

① 张培瑜编著：《三千五百年历日天象》，河南教育出版社1990年版，第20页。

还要注意的一点是，传述《公羊传》与《穀梁传》的子夏主要生活时期是在战国，而战国正朔与春秋也有差别，张培瑜说："春秋战国时期各国自行颁历，行用不同的历法。"①子夏在传授两传时所用的历法也可能另有所据，这一点有待于进一步探讨。

三、《春秋左氏传》为何不记孔子生日

古代学者多数注意《左传》而忽视另外两传，而恰恰是《左传》没有记载孔子生日，这也是学术界没有注意的重要原因。但如果我们仔细阅读《春秋左氏传》全文的话，就会有另外的感受，也会悟出为什么该书没有记载孔子生日的缘由。

关于《左传》的作者，学术界有不同意见。但根据该书之内容、体例来看，当为左丘明所作。《四库全书总目》说："周左丘明传。晋杜预注。唐孔颖达疏。自刘向、刘歆、桓谭、班固，皆以春秋传出左丘明，左丘明受经于孔子，魏晋以来儒者，更无异议。"②可见唐代以前，学者都认为《左传》是左丘明所作。左丘明与孔子同时，孔子对于左丘明很尊敬。《论语·公冶长》记载："子曰：'巧言、令色、足恭，左丘明耻之，丘亦耻之。匿怨而友其人，左丘明耻之，丘亦耻之。'"③可以体会出孔子对于左丘明很尊敬，以左丘明之是非为是非，从语气上看，左丘明应该比孔子年长。据此，再参照《左传》之内容以及与《春秋》之关系，可以推测出三种情况：一、《左传》确实是左丘明所作。汉魏以前学者无怀疑者。二、《左传》与《春秋》同时所作。当孔子笔削《春秋》时，左丘明也在撰述《左传》，二人出发点不同。孔子是在政治上提倡礼乐文化，坚持周礼的价值判断与是非标准，提倡君臣大义，因此有"《春秋》成而乱臣贼子惧"的评价；而左丘明是史官，主要记载历史事件的经过，侧重点不同。三、孔子应当参与了《左传》的写作，最起码是对于左丘明在写作过程中施予

---

① 张培瑜编著：《三千五百年历日天象·前言》，河南教育出版社 1990 年版，第 2 页。
② 《四库全书总目》，中华书局 1965 年版，第 210 页上。
③ 刘宝楠：《论语正义》，《诸子集成》第一册，上海书店影印本 1986 年版，第 108 页。

过一定的影响。或者是被动的,即左丘明主动征求孔子对于某些重大历史事件或历史人物的看法,否则《左传》中出现那么多次"仲尼曰"便无法解释。

如鲁昭公十四年,晋国大臣叔向回答向他请教的韩宣子关于一件司法案件的审判意见时,完全依照法律规定回答,没有一点袒护自己亲人叔鱼的倾向。在记载完这件事后,左丘明引证孔子的话道:"仲尼曰:'叔向,古之遗直也。治国制刑,不隐于亲,三数叔鱼之恶,不为末减。'"①如果不是直接听孔子说的或孔子告诉的,左丘明怎么知道孔子是如此评价的?

又,卫国齐豹、北宫喜、公子朝、褚师圃等作乱,要杀卫灵公,卫灵公逃跑出都城。灵公兄公孟絷被杀,齐豹之邑宰去召北宫喜之邑宰,北宫之邑宰没有参与密谋,于是杀死齐豹的邑宰并灭掉齐氏,卫灵公才得以返回。灵公兄公孟絷的参乘宗鲁是齐豹推荐的,齐豹提前通知他,但他坚持保护公孟絷,为之而死。"琴张闻宗鲁死,将往吊之。仲尼曰:'齐豹之盗,而孟絷之贼,女何吊焉?君子不食奸,不受乱,不为利疚于回,不以回待人,不盖不义,不犯非礼。'"②孔子如此言论,左丘明是怎么知道的?而在记载完此事件后便将孔子这么长的议论原文记载上?

郑国贤相子产死后,"仲尼闻之,出涕曰:'古之遗爱也'"③,连孔子哭的细节都知道,或许是孔子与左丘明谈论子产死时说的话,故左丘明能够如此生动地记载之。类似的例子很多,在《左传》中直接记载孔子语录的情况有多处,很多意见其他地方都没有记载,如果不是左丘明直接听到孔子的议论或孔子自己提供给左丘明的意见,则很难理解。

分析到这里,我们可以基本推测出左丘明与孔子的关系,也基本可以

---

① 杜预注,孔颖达疏:《春秋左传正义》,阮元校刻:《十三经注疏》,中华书局1980年版,第2076页。
② 杜预注,孔颖达疏:《春秋左传正义》,阮元校刻:《十三经注疏》,中华书局1980年版,第2092页。
③ 杜预注,孔颖达疏:《春秋左传正义》,阮元校刻:《十三经注疏》,中华书局1980年版,第2094~2095页。

推测出《春秋》与《左传》的关系。这样,《左传》不记载孔子生日便是天经地义的。一是孔子自己修《春秋》,断没有将自己之生日记入其中的理由,也不可能如此做。而左丘明与孔子同时代,孔子只是下大夫,没有资格被这种严格的史书记载其生日,左丘明是有史德的史官,不可能违背原则,不记载孔子生日是天经地义,因此,全部《春秋左氏传》不记载孔子生日就是情理之中的事情了。

《公羊传》和《穀梁传》的传人都是子夏,子夏是孔子弟子,当他向两大弟子传授或讲解两书时,涉及自己老师之生日时不能不记载,而且当时孔子已去世多年,"圣人"之名号已得到社会公认,因此,子夏把自己老师之生日记载进自己传授的书中也是天经地义,不记载便是不肖弟子。如果《公羊传》中没有衍文"十有一月"四个字,则两传记载的生日完全一致。即使有"十有一月"四字,也不影响我们的研究与推测。因为"庚辰"朔的当月二十一是庚子日,那么整个下月便绝对没有庚子日了。

又,《春秋左氏传》鲁襄公二十一年中记载的诸侯会同的大事与两传悉合,孔子出生在本年,即公元前552年便确定无疑。

四、司马迁的说法及其他

司马迁《史记·孔子世家》载:"鲁襄公二十二年而孔子生。"①司马贞索隐曰:"公羊传'襄公二十一年十有一月庚子,孔子生'。今以为二十二年,盖以周正十一月属明年,故误也。后序孔子卒,云七十二岁,每少一岁也。"② 司马贞的意见是对的,即可能是司马迁将《公羊传》中"襄公二十一年十有一月庚子"的"十一月"误为周历之正月而算在第二年,故产生如此错误。上文已经分析过,"十有一月"是衍文,属于错误,司马迁在此错误信息的误导下又做出错误的判断,双重的错误而导致将孔子

---

① (汉)司马迁撰,(宋)裴骃集解,(唐)司马贞索隐,(唐)张守节正义:《史记》,中华书局1959年点校本,第1905页。
② (汉)司马迁撰,(宋)裴骃集解,(唐)司马贞索隐,(唐)张守节正义:《史记》,中华书局1959年点校本,第1906页。

的生年推后一年。而司马迁并没有提供孔子生日的任何信息。司马迁之《史记》具有很高的权威性，司马迁的说法被后世采信，故将孔子的生年确定在"鲁襄公二十二年"，而对应的公元纪年便是公元前551年了。

《孔子家语》载："鲁襄公二十三年，孔子生。"注解："《公羊传》，襄公二十一年，十有一月庚子，孔子生。《穀梁传》，冬十月庚子，孔子生。"①这是《孔子家语》中唯一提到孔子诞辰的文字，将出生年份推迟到鲁襄公二十三年，更加错误，前人已经指出。又没有出生之月日，故没有价值。

五、天文学的有力佐证

又，《公羊传》和《穀梁传》都记载孔子出生之年有日食，这也为我们考证孔子生日提供了一个有力的佐证，而且是一个非常重要的佐证。根据《三千五百年历日天象》中之《合朔满月表》可知，公元前552年8月20日13点53分庚戌朔，其儒略日1520307②，儒略日是天文学上通常用的以日为单位的连续记载日期的系统，与公历的年月日相对应，是西方天文历法普遍采用的方式。而我国古代历法中的干支记日法与儒略日的系统相似，是干支相配六十日一循环，前后相接，永远不断，也不错位，两个系统异曲同工。这样，将我们的干支记日法与儒略日对应就可以准确无误地知道是公历上的任何一天，而且完全不考虑我们古代历法中阴历月份的因素，这样就没有所使用历法属于夏历、殷历、周历、鲁历等月份不同的干扰，相对应的公历年月日极其明晰。查表可知，公元前552年8月20日是庚戌日。

再查《三千五百年历日天象》中之《中国十三历史名城可见日食表》，明确记载"前552.8.20"下是"庚戌1520307"，下面记载在曲阜看可以看到的日食数据，这说明在鲁襄公二十一年（前552）之庚戌日（8月20

---

① 《丛书集成初编》第三册，中华书局1985年版，第235页。
② 张培瑜编著：《三千五百年历日天象》，河南教育出版社1990年版，第559页。

日）确实发生过日食。①前文所引《春秋公羊传》和《春秋穀梁传》中都有"九月，庚戌朔，日有食之"的明确记载。《春秋左氏传》经文中也有"九月，庚戌朔，日有食之"②的明文，一个字都不差，三传与经文皆合，这样，鲁襄公二十一年的"九月，庚戌朔，日有食之"，便不可怀疑，与《三千五百年历日天象》记载完全吻合。按照儒略日这一天就是公元前552年8月20日，而下一个月的朔日便是庚辰，这个庚辰日对应的公历是9月19日。而在这个庚辰日下面的庚子日，便是孔子的生日。这样，天文学与文献记载相一致。鲁襄公二十一年庚戌朔这一天发生日食，与天文学推论得出的结论完全一致，而鲁襄公二十二年全年都没有日食，因此孔子生在鲁襄公二十一年没有疑问。如果生在二十一年没有疑问，那么其依据这一日食现象之干支日推衍出的孔子生日便可以进一步确定。

　　我们把上述考证辨析之过程再归纳概括一下，以清眉目：《春秋公羊传》和《春秋穀梁传》中明确记载着孔子的生日，排除衍文的干扰后，可以认定两传记载的日子是一天，相互吻合。两传的传人均是孔子得意弟子子夏，子夏终身追随孔子，是著名弟子，应该知道孔子生日，故所记载之日期可以相信。《春秋左氏传》是孔子同时代人左丘明所著，不记载孔子生日是天经地义。而司马迁所记极其简略，只有生年，没有生日，生年也与两传不同，不应采信。《孔丛子》和《孔子家语》两书均没有孔子生日之记载，其他文献则更晚出，更没有说服力。《孔氏祖庭广记》之孔子诞辰是采用司马迁生年与两传记载之生日而成，司马迁与两传记载生年不同，农历之日期亦必然不同。《三千五百年历日天象》中所推衍之日食与春秋三传之文献记载全合，足以证明孔子生在鲁襄公二十一年。再用最科学之儒略日与干支法相咬合，完全没有月份之干扰，推论出孔子的生日。这样，孔子出生的年月日便可以确定为鲁襄公二十一年十月（庚辰朔）庚子日，即公元前552年10月9日。其他说法均应废弃。因此本人建议将以

---

① 张培瑜编著：《三千五百年历日天象》，河南教育出版社1990年版，第985页。
② 杜预注，孔颖达疏：《春秋左传正义》，阮元校刻：《十三经注疏》，中华书局1980年版，第1970页。

后的祭孔典礼改在孔子生日进行,如公历,则是每年的10月9日;如农历,则是八月二十一。

第三节 孔子成为礼乐文化权威的主客观原因

孔子说:"述而不作,信而好古,窃比于我老彭。"①(《论语·述而》)其大意是说:"我只阐释叙述而不创作,深信而且爱好古代文化,我私下把自己比作老彭。""老彭"到底是谁,众说纷纭,有人说是老子和彭祖,有人说是商朝的一名贤大夫。从孔子和老子见过面并有交流这件事看,不可能是老子,当以后者为是。

本章是理解孔子思想的关键,"述而不作"是孔子的自白,孔子确实是氏族传统的传承人和维护者,他重视礼乐,倾心于周文化,顽固地要"克己复礼",都表现出这种爱好古代文化的倾向。但如果认为孔子只是传述而没有自己的创作也不对,实际孔子是在述中有作,是在继承基础上的创新,有自己的建树。有人说孔子是托古改制,有一定的道理。

孔子在匡地遇到危险时,曾感叹道:"文王已经死了,一切文化不都在我这里吗?如果上天要消灭文化,那么后世之人便无法了解这些文化了。如果上天不想消灭这些文化,匡人能把我怎么样?"②

据《史记·孔子世家》载,孔子离开卫国要到陈国去,路过匡城,给孔子驾车的弟子颜刻用马鞭子指着匡城外城的一个豁口说:"当年我们进入匡城,就是从这个地方。"当年颜刻曾跟随阳虎并给阳虎驾车进攻匡。他的话被城上的人听说,而孔子相貌很像阳虎,便误把孔子和弟子当成阳虎及其手下了,于是出兵将孔子一行团团包围。连续包围五天,形势很紧急,孔子才说的那些话。后来因为有大风暴袭击,卫国又派人来营救,孔子才脱险。

---

① 毕宝魁:《论语精评真解》,世界知识出版社2010年版,第126页。
② 毕宝魁:《论语精评真解》,世界知识出版社2010年版,第171页。

孔子的话说明他自觉担负着传播古代文化的历史重任，其中也有天命观的因素。这种使命感非常重要，也促使其勤奋前行。值得注意的是"文王既没，文不在兹乎"这句话，孔子认为既然文王早就不在人世了，天下的文化不都在我身上吗？这并不是自负的狂言，而是对于自己历史使命的深刻认识，正是这种强烈的使命感，才使孔子终生到处奔波，不辞劳苦地推行自己的政治主张，为我们留下许多值得思索的美好故事。

孔子之思想与孔子对于周礼之掌握都有深刻的历史渊源。在孔子生活后期，由于主客观两个方面的原因，孔子确实成长为当时天下最权威的古代文化学者，是传承古代文化尤其是周礼的使者。

孔子"述而不作"也包含着对于前代已有的思想资源的继承、提炼和整合。中国华夏民族温和、仁义、礼让的道德风范一直是古老的传统，这种性格和思想的形成与农耕为主的生产方式，一个家族或一个部落长期定居的生活方式有关，但仁义道德观念的形成与流传确实很久远。传说中的三皇五帝莫不是这种道德的光辉典范。

我们仅从孔子记述的《春秋》中便可以发现很多这样的思想资料。鲁隐公三年（前720），是春秋早期，卫国出了一件大事，即庶出的公子州吁受宠而爱好习武练兵，而卫庄公不加制止。老臣石碏谏曰："臣闻爱子，教之以义方。弗纳于邪。骄奢淫泆，所自邪也。四者之来，宠禄过也。将立州吁，乃定之矣。若犹未也，阶之为祸。夫宠而不骄，骄而能降，降而不憾，憾而能眕者，鲜矣。且夫贱妨贵，少陵长，远间亲，新间旧，小加大，淫破义，所谓六逆也。君义臣行，父慈子孝，兄爱弟敬，所谓六顺也。"①

卫国本是西周初年成王时所封，历史很久，但君主英明者很少，多内乱，故到春秋时期已经是下中等诸侯国了，地位和实力略低于鲁国。石碏便是"大义灭亲"成语之制造者，他的议论具有典型的儒家思想色彩，

---

① 杜预注，孔颖达疏：《春秋左传正义》，阮元校刻：《十三经注疏》，中华书局1980年版，第1724页。

"六逆"、"六顺"的提法与排比的句式与《论语》中的思想接近,而且句式都很像,因此可以说孔子的思想是在当时主流思想的影响下产生的,儒家思想并非空穴来风。

鲁庄公三十二年（前662）,"神居莘六月。虢公使祝应、宗区、史嚣享焉。神赐之土田。史嚣曰：'虢其亡乎？吾闻之,国将兴,听于民,将亡,听于神。神聪明正直而一者也,依人而行'"。①究竟是什么神在莘地六月出现,没有明确记载,虢公派尸祝应、宗人区、史官嚣去上供享神,于是史官嚣才发牢骚说："难道虢国快要灭亡了吗？我听说,国家将要兴盛的时候,听从民众的意见,将要灭亡的时候,才听信神灵的。神灵是聪明正直而只有一个原则,那就是依从人民的意愿而行。"这是典型的民本思想,与孔子的仁政思想,"敬鬼神而远之"的主张本质上相一致。

鲁僖公五年（前655）,据载,僖公说："吾祭祀丰洁,神必据我。"大臣对曰："臣闻之,鬼神非人实亲,惟德是依。故《周书》曰：'皇天无亲,惟德是辅。'又曰：'黍稷非馨,明德惟馨。'又曰：'民不易物,惟德繄物。如是,则非德民不和,神不享矣。'"②这段话的主旨与《左传》名篇《曹刿论战》中议论基本一致,认为上天只亲近有道德的人,只辅佐支持有道德的人。而有道德的最具体表现就是爱民亲民,受到人民的爱戴与拥护。这与孔子"仁者爱人"的主张完全一致,可见"仁"之思想来源久远,是中国农业文明与宗法制度结合的产物,有深刻的内涵。

鲁襄公十四年（前558）,晋国的乐师"师旷侍于晋侯,晋侯曰：'卫人出其君,不亦甚乎？'对曰：'或者其君实甚。良君将赏善而刑淫。养民如子。盖之如天,容之如地。民奉其君,爱之如父母,仰之如日月,敬之如神明,畏之如雷霆,其可出乎？夫君,神之主也,民之望也。若困民之

---

① 杜预注,孔颖达疏：《春秋左传正义》,阮元校刻：《十三经注疏》,中华书局1980年版,第1783页。
② 杜预注,孔颖达疏：《春秋左传正义》,阮元校刻：《十三经注疏》,中华书局1980年版,第1795页。

主，匮神乏祀，百姓绝望，社稷无主，将安用之。弗去何为？'"①师旷的议论表现出春秋中叶的民本思想和初步的民主政治，而且可以看出当时的制度建设是很科学很完备的。

　　晋国国君认为卫国百姓把国君赶跑了，这样做太过分了。国君当然站在国君的立场，但作为当时晋国最权威的大知识分子师旷，并没有顺从国君的意思，而明确表达自己的看法，他认为或者是国君过分了，好的国君，百姓爱护拥戴都来不及，怎么会赶出去呢？如果是糟蹋百姓的君主，也不主持国家大事，百姓绝望，国家好像没有君主一样，这样的国君有什么用，为什么不驱逐出境？这是多么明确的态度，这种要求国君要爱护百姓，要勤政爱民的思想与孔子提倡的"君君臣臣"、"君使臣以礼"的观点如出一辙，这些思想与议论对于孔子思想的形成都有很大的启迪作用。

　　僖公三十三年（前627）记载这样一件事，当初，晋国大夫臼季出使路过冀地，看见一个叫做冀缺的农夫正在田间锄地，他的妻子送饭来，夫妻相敬如宾。他看到后，感觉这是个人才，于是把他带到晋国，向晋文公推荐道："敬，德之聚也。能敬必有德。德以治民，君请用之。臣闻之：'出门如宾，承事如祭，仁之则也。'"②

　　"敬"是孔子反复提倡的美德之一，能敬的人一定有道德，而用道德来引导统治百姓，这是儒家思想的一个表现。臼季认为"出门如宾，承事如祭"是仁的原则和规范。我们再参照孔子教育子张"出门如见大宾，使民如承大祭"③两句话，不但在思想观念上出自臼季之口，就连语言形式也非常相似，可见孔子确实是全面继承前人的思想，并借鉴前人的语言，这也是"述"的一种表现。

　　简言之，孔子是从前代尤其是夏、商、周三代经过选择继承优秀的文化遗产，包括思想道德的、政治的、伦理的。礼乐典章制度是外在的政治

---

① 杜预注，孔颖达疏：《春秋左传正义》，阮元校刻：《十三经注疏》，中华书局1980年版，第1958页。
② 杜预注，孔颖达疏：《春秋左传正义》，阮元校刻：《十三经注疏》，中华书局1980年版，第1833页。
③ 《论语·颜渊》，毕宝魁：《论语精评真解》，世界知识出版社2010年版，第231页。

因素与制度建设，而仁义道德、忠孝节义则是内心的灵魂塑造，两个方面的结合便是最理想的社会状态，所谓"为万世开太平"，指的就是这种道德文化建设与礼乐文化建设的综合作用。以仁义道德塑造全部社会成员的思想性格，使全社会形成一个"里仁"的社会环境，所有人都自觉遵纪守法，都是谦谦君子，那将是何等幸福和谐的社会状态。《礼记·礼运篇》记载孔子理想的大同社会图景是："大道之行也，与三代之英，丘未之逮也。而有志焉。大道之行也，天下为公。选贤与能，讲信修睦。故人不独亲其亲，不独子其子，使老有所终，壮有所用，幼有所长，矜寡孤独废疾者皆有所养。男有分，女有归。货恶其弃于地也，不必藏于己；力恶其不出于身也，不必为己。是故谋闭而不兴，盗窃乱贼而不作，故外户而不闭，是谓大同。"① 这段话里，劳动已经不是谋生的手段，而是人生活的第一需要，人们见有东西便主动收藏起来，但不是为自己。所有社会成员都有归属，都得到赡养。真正是"路不拾遗，夜不闭户"，生活在这样的社会中，该多么幸福！

孔子以天下为己任的勇于担当的精神，对于前代文化继承的自觉意识，汲汲为天下开太平的主观愿望，是孔子成为当世礼乐文化权威的内在动因，而鲁国特殊的历史地位，鲁国对于周礼文化的全面保护与拥有，又成为孔子掌握礼乐文化的客观环境。正是这种主客观两方面条件的具备，才使孔子成为那个时期礼乐文化最权威的阐释人与倡导者。那么孔子如此不遗余力地传播与倡导礼乐文化到底是为了什么呢？下面我们便探讨孔子拯救天下与人类的深心。

第四节 拯救天下与人类的深心

孔子一生汲汲倡导的是礼乐文化，而礼乐文化是华夏民族经过三四千年的漫长历史逐渐形成的文化形态，经历夏、商、周三代社会实践的检

---

① 阮元校刻：《十三经注疏》，中华书局1980年版，第1414页。

验,是一种成功的社会秩序形态。这样,孔子所提倡与维护的便是文化而不是某一诸侯国的政治或政权,其意义具有普世的价值。应该看到,孔子这种以礼乐文化本身为追求目标的做法便具有当时全天下的意义,并不是某一诸侯国的政治制度与文化制度,这样,在当时士人与政治人物中便具有整个天下的观念,而不局限于某一个国家。这种文化观念是非常重要的,其意义也是非常深远的。本节将从三个方面来阐释分析孔子思想的本质内容与拯救天下与人类的深刻用心。

李长之先生在《孔子传》中说:

> 孔子是先秦诸子中最早的一个,他的进步面之一,就是反映奴隶制社会崩溃期的"人"的解放,这个伟大现实在他思想体系上,就是"仁"的学说,就是把教育从贵族所专有(官学),在一定程度上开放给一般人(私学)。孔子的进步面之二,就是他在这段过渡期——同时也是封建社会的形成期——中,为大一统封建王朝提供了一些虽然粗略的但是规模宏大的政治建设蓝图。他研究了以往的政治经验,作出了一定程度的总结,又加上一些适合社会发展情况的创造,给后代封建社会的统治规模打下了一些基础。①

确实,我们经常说的百家争鸣,实际在孔子时代并没有形成,"孔子是先秦诸子中最早的一个"这种判断极其准确,当时只是孔子在到处周游,宣传自己的社会政治主张。孔子死后,七十子散处天下,而社会进一步混乱,才出现诸子为拯救社会纷纷登场,各自宣传自己的政治主张,实际都是针对当时社会纷乱至极的局面而开出的拯救社会的良方。孔子"为大一统封建王朝提供了一些虽然粗略的但是规模宏大的政治建设蓝图"的概括也很经典而深刻,孔子思想虽然在当世没有实现,在战国与秦代也没有被采纳,但在汉武帝时被确定为国家的主流思想,成为主流意识形态,

---

① 李长之:《孔子传·后记》,东方出版社2010年11月版,第125页

其后的两千年间,一直是统治阶级最核心的思想。孔子思想被历代统治者所重视,主要有以下几方面的原因。

一、不局限于宗国的全天下观念

春秋时期,虽然周天子失去实际的控制天下的能力,但其作为人们观念中的天子还是被承认的。这样,当时的各诸侯国便都不是最高的政权形式,依然还是天子下属的封建政权。

孔子祖籍是宋国人,而且是大贵族,如果再向前追溯,则是殷商王朝宗室的后代,故他的遗传因素中有殷商贵族的基因。他出生在鲁国,又是制定礼乐制度的周公的封国。因此孔子心中一直把全天下看做是一个政治文化体,而下面所有的诸侯国都是天子的臣子。《诗经·小雅·北山》中便有"溥天之下,莫非王土,率土之滨,莫非王臣"①的话,这首诗当是西周时期的作品。而将全天下看做一个统治的区域是当时普天下的共识,这是孔子维护礼乐文化的思想基础和前提。

因此,孔子提倡礼乐文化自然就不仅仅是鲁国一国的事,而是当时"诸夏"即属于周文化诸侯国的共同需要。这样,孔子关注的便是整个天下而非鲁国。当在鲁国无法推行自己的政治主张时,孔子便离开自己的宗国而到其他国家去宣传推行自己的主张,这便是很自然的事情,而不涉及爱国与否的问题。这样,坚持"克己复礼"便是全天下的事情而非一国一诸侯之事。

应该说,离开鲁国是孔子非常无奈的行为,甚至都不是他选择的道路,而是没有办法。孔子在鲁国的作为取决于季氏的态度。孔子一生先后与季氏几代执政者相交往。孔子少年时代是季武子,青年时代是季平子,中年到老年时代是季桓子,末年是季康子。由于孔子知识渊博,弟子众多,在全天下都很有威望,三十多岁时便有"圣人"之称,在鲁国一直处在执政地位的季平子和季桓子都对孔子嫉妒而防备,故不采纳孔子的意

---

① 阮元校刻:《十三经注疏》,中华书局1980年版,第463页。

见，只是在特殊的时候利用他，然后再疏远排挤他。

《史记·孔子世家》载：

> 定公十四年，孔子年五十六，由大司寇行摄相事，有喜色。门人曰："闻君子祸至不惧，福至不喜。"孔子曰："有是言也。不曰'乐其以贵下人'乎？"于是诛鲁大夫乱政者少正卯。与闻国政三月，粥羔豚者弗饰贾；男女行者别于涂；涂不拾遗；四方之客至乎邑者不求有司，皆予之以归。
>
> 齐人闻而惧，曰："孔子为政必霸，霸则吾地近焉，我之为先并矣。盍致地焉？"黎鉏曰："请先尝沮之；沮之而不可则致地，庸迟乎！"于是选齐国中女子好者八十人，皆衣文衣而舞康乐，文马三十驷，遗鲁君。陈女乐文马于鲁城南高门外，季桓子微服往观再三，将受，乃语鲁君为周道游……桓子卒受齐女乐，三日不听政；郊，又不致膰俎于大夫。孔子遂行，宿乎屯。①

对于这段话，我们要理性分析。孔子杀少正卯一事是不可能的。依据孔子思想和处世方式，不可能用这种手段杀害一个没有任何刑事犯罪的人。此问题较复杂，这里不多说。孔子当政数月，鲁国大治，齐国大臣便产生恐惧感，于是向鲁国进贡美女宝马，鲁国首席执政大臣季桓子接受并怂恿定公共同享受，三日不理朝政。孔子的意见根本不被采纳，孔子见鲁国政治无所作为，便不得不离开。当然，齐国的计谋只是一个因素，实际是在为季桓子排斥孔子提供方便，但季桓子以及三家排斥孔子的深层原因是孔子执政对于三大家族不利，他们已经利用孔子和鲁定公各自消除了内部的叛乱势力，收回了失去的权力，因此便开始排挤孔子以保护自己的既得利益。

---

① （汉）司马迁撰，（宋）裴骃集解，（唐）司马贞索引，（唐）张守节正义：《史记》，中华书局 1959 年点校本，第 1916 页。

应该说，孔子在鲁国是无法与季氏相抗衡的。在中国，无论从政还是经商甚至搞学问都不是一代人的事。季氏在鲁国的根基太深，势力太大。当年鲁桓公死，长子鲁庄公继位。庄公有三个弟弟，二弟庆父，三弟叔牙，四弟季友。庄公死的时候，想立自己的儿子公子般，但庄公的二弟庆父派人杀了公子般，立庄公的一位庶子 8 岁的启方为君，这便是鲁闵公。后来庆父又杀害闵公。季友保护鲁闵公的弟弟申到外国，庆父连续作乱。不为国人所容，当时百姓普遍反对庆父，"庆父不死，鲁难未已"的成语便出自这次事件。季友回国拥立申当了国君，这便是鲁僖公。庆父的后代便是孟孙氏，叔牙的后代便是叔孙氏，季友成为最大的赢家，是季孙氏。以后鲁国国君之外的三大家族即孟孙氏、叔孙氏、季孙氏便是这么产生的。

三大家族都是桓公子孙，故称"三桓"。而季友功劳最大，其后三家都拥有自己的军队。季氏占有军事力量最强大。孟孙氏和叔孙氏两家之和相当于季孙氏。国君能够直接调动和指挥的军队不到五分之一，从此国君的权力就下降了。季孙氏成为首席执政大臣。季友死后，儿子季孙行父继位，即季文子，季文子后是季武子，季武子名夙（一作宿），这三代人都极其英明，政治智慧高而且文化水准高。季文子是当世礼乐水平最高之人。季武子之后是季孙如意，即季平子。季平子时代季氏地位有所下降，鲁昭公曾讨伐季平子，想杀掉他。但季平子得到孟孙氏和叔孙氏的支持而迫使鲁昭公流亡，从此鲁昭公再也没有回到鲁国，一直流亡，最后死在国外。

鲁国曾经有八九年时间没有国君。这个事件当时轰动天下，曾经有外国势力斡旋，国际会议专门讨论过，但无果而终。孔子曾经说："夷狄之有君，不如诸夏之亡也。"[①] 实际就是说夷狄这样的异族还有国君的观念，而很多华夏民族诸侯国却连国君观念都没有。可能指的就是这件事。当然，对孔子这句话，多数学者解释为夷狄之少数民族国家即使有国君，也

[①] 毕宝魁：《论语精评真解》，世界知识出版社 2010 年版，第 43 页。

赶不上华夏文化之诸侯国文化更先进。这样讲解似乎有点大华夏民族主义,而且与本篇前后章之批评诸夏之国诸侯以及大夫不遵守周礼的总体思想倾向也不符合。

鲁昭公死后,定公立。季氏势力更大。季平子死后,便是季桓子,季桓子名季孙斯。于此可知,季孙氏在鲁国的地位非常高,经过前面五代人的经营,势力盘根错节,因此孔子是无法与其抗衡的。季桓子又嫉妒和害怕孔子,因此进行排挤,使孔子在鲁国被边缘化,根本无法施展才能推行自己的政治主张,只好到外国寻找发展空间。

二、孔子离开鲁国的深层原因

孔子一直想拯救天下,恢复西周初年的太平盛世,让百姓过上幸福安康的生活,但他太身单力孤了,一直寻找机会,却始终没有出路。直到鲁定公九年(前501),孔子52岁时,历史才给他提供了一次展示自己才能的机会。

鲁国自从季平子与昭公刀兵相见,昭公被迫流亡到齐国,实际上是两败俱伤,鲁昭公郁闷死在国外,而季平子也遭到舆论谴责,而在短时期内孟懿子成为首席执政大臣,季氏家族受到一定挫折。季平子死后,季桓子继位。由于季氏家族大,内部也是矛盾重重,季氏家臣阳货与季氏一位宠臣仲梁怀相互嫉恨,争权夺势,阳货要排挤出仲梁怀,季氏采邑费宰公山弗扰劝阻阳货,阳货才没有采取坚决行动。但仲梁怀更加骄横,简直不把阳货放在眼里。阳货统领季氏家兵,把仲梁怀囚禁起来,季桓子大怒,阳货干脆把季桓子也软禁了。季桓子被迫与之订立盟约,才得到解放。从此,阳货更加轻视季桓子。

不久,公山弗扰对季氏不满,与阳货内外勾结,里外呼应要废除季氏嫡传季桓子而另立与阳货关系亲密的庶孽之人。阳货设谋要囚禁并杀害季桓子,季桓子用计谋逃脱。阳货见事情败露便带领亲信逃跑到齐国去。季桓子虽然知道公山弗扰参与了,但鞭长莫及,因为公山弗扰这时控制着季氏的采邑费,有城墙、有军队、有粮草,季桓子无可奈何。阳货一跑,季桓子的心腹大患解除了，费可以暂时不顾。

当时鲁国三大家族的情况是都有自己的领地，距离曲阜有一定的距离。三家本人以及家属都住在曲阜城里，有专门的住宅。而三家的采邑都有宰，即行政区的主管。季氏的采邑在费。

公山弗扰知道孔子对季氏专权不满，派人请孔子前去。孔子有心要去，子路很明确地反对，孔子犹豫一段后决定不去了，因为那样做有道德风险。

季桓子威信下降，鲁国政治也不清平。鲁定公经过几年观察，知道孔子很有政治才能，于是便任命他出任中都宰，即鲁国首都的行政长官，大约相当于后来的京兆尹。

一年后，京都大治，买卖公平，人们道德素质迅速提升，人人讲诚信，到处是助人为乐之风。"其后定公以孔子为中都宰，一年，四方皆则之。"①附近诸侯国都以鲁国为楷模，孔子威信大增。定公十年，孔子辅佐定公在夹谷与齐景公会盟，由于孔子事前有准备，在会盟时能够大义凛然，有理有据，为鲁国挣足了面子。齐国又把一年前阳货叛逃带过去的汶阳之田返还给鲁国，这件事为后世留下"汶阳田反"这一成语。孔子的威信进一步提升。

鲁定公十二年，孔子当大司寇已经两年多时间，已掌握一定的权力。孔子开始要实现他的政治理想，使鲁国政治再上一个台阶，即逐渐恢复国君的权力，削弱三大家族的势力，克服尾大不掉的局面。于是孔子建议整顿武装，提出"家无藏甲，邑无坚城"的主张，即卿大夫家不能有私人武装，国都外的邑不能修建坚固而大的城池。提出毁掉三大家族采邑超过标准城墙的建议。如果追根溯源的话，中国政府在武器管制方面可能是世界上最严格的，这一措施应该是源自孔子的"家无藏甲，邑无坚城"的措施，后被统治者采用，成为中国历史上各朝各代实行统治的一个重要策略。

---

① 《史记·孔子世家》，（汉）司马迁撰，（宋）裴骃集解，（唐）司马贞索引，（唐）张守节正义：《史记》，中华书局1959年点校本，第1915页。

三大家族历来以季氏为首，季桓子立即赞成，因为这时公山弗扰占据着费，费只在名义上属于季桓子，实际他已经控制不了了，正好借此机会清除公山弗扰。孔子知道季桓子的心思，正好利用之。而叔孙氏采邑郈也被叛乱者侯犯占据着，也是他的心腹大患，于是马上同意，与季氏一样的心事。只剩孟懿子，也没有反对，可能是考虑与季孙、叔孙的关系。于是决定拆毁三家采邑的城堡，即所谓的"堕三都"。

子路开始具体实施毁掉三家都邑城墙的工作。叔孙氏的都邑郈首先被拆除。叔孙氏借助国家力量，借助孔子而除去自己的心腹大患。公山弗扰可能看出季桓子的用心，起兵反抗，他率兵打到京都曲阜来。鲁定公等都躲在季桓子家的宅院里，公山弗扰没有攻打进去，孔子命令军官率领士兵反击，公山弗扰战败逃跑。季桓子借助孔子将自己的心腹大患也清除了，费重新回到季桓子的控制中。

后来，孟孙氏的城堡在成，离齐国比较近，而且负责采邑的官员对孟懿子赤胆忠心，因此孟懿子没有想借机除掉邑宰的意图，本心便不愿意拆除成邑的城墙。而邑宰又以拱卫国家为由拒绝拆除，孟懿子当然支持，实际也可能得到季桓子暗中的支持。这时候，季桓子也不需要孔子和鲁定公的力量，而且也感觉到这样继续搞下去三家的利益将会同时受到削弱或威胁。于是三大家族再次联手，疏远并排挤孔子。

这时，齐国也感受到来自鲁国的压力，而这种压力是由于孔子执政造成的，便使用反间计，给鲁国送来80名美女，120匹经过挑选的好马，再配上华丽的辔饰。季桓子与鲁定公接受了，并三天不理朝政，也不召孔子上朝。孔子耐心地等了一天，看应该进行的祭天典礼是否进行，如果进行则还有希望，如果连这样重要的政事都不做则没有指望了。如果祭天典礼正常进行的话，是要给孔子送祭肉的。但都已经过晌，也没有动静，孔子完全失望了，只好带领弟子离开鲁国，到别的国家去寻求机会。

关于孔子"堕三都"的原委，匡亚明先生的分析比较合理："'三都'是'三桓'实际上割据的领地内的三个城堡，即费邑是季孙氏领地城堡，郈邑是叔孙氏领地城堡，成邑是孟孙氏领地城堡。'三桓'都住在曲阜，所以当时这三个城堡实际又都不在'三桓'控制下，而为他们的家臣所盘踞，用以对'三桓'闹独立，侵凌'三桓'，以致越过'三桓'而干预国政，孔子所谓'陪臣执国命'就是指的这个情况。'三桓'对此不满，孔子对此更不满。孔子利用'三桓'尤其是季氏对于阳货以费叛（定公八年），叔孙氏对于侯犯以郈叛（定公十年）的不满情绪，相机建议把家臣（陪臣）据以叛乱的三个城堡拆毁（堕三都），马上得到三家的同意。"①这段话分析简明准确，说得很清楚。

孔子离开自己的宗国，不会有丝毫的不忠于国家的遗憾，春秋时期，全天下是一个天子统治的区域。诸侯国都是天子的属国，等于现在的地方政权，因此忠于天子，为天下开太平是最崇高的事业。这在当时是有识之士的共识，并非孔子一个人如此。

在孔子周游列国的过程中，在孔子终生思想中，天子才是天下之共主，天子才是一切最高政令的发布者。《论语·季氏》第二章载：

> 孔子曰："天下有道，则礼乐征伐自天子出；天下无道，则礼乐征伐自诸侯出。自诸侯出，盖十世希不失矣；自大夫出，五世希不失矣；陪臣执国命，三世希不失矣。天下有道，则政不在大夫。天下有道，则庶人不议。"②

天下有道，即处在正常情况下，"礼乐征伐"，即典章制度以及战争都是由天子决定。这种天下大一统的观念，尊天子为共主是孔子一生的政治理想，也是他带领众弟子周游列国到处宣传的主张。孔子死后，他的弟子们散处天下，继续到处宣传这种主张和观念，于是天下大一统的思想与观念便深深扎下根来。

这种观念是使我国历史文化保持几千年不断的关键因素之一。秦始皇

---

① 匡亚明：《孔子评传》，南京大学出版社1990年版，第57页。
② 毕宝魁：《论语精评真解》，世界知识出版社2010年版，第332页。

实际的统一，基本便是夏、商、周三代以来的地域，从此建立起政治集权的大一统帝国。孔子道德文化大一统的观念，秦始皇政治全面统治的实际统一，对于其后中国的历史发展进程都有至关重要的作用。从某种意义上说，孔子是奠定中国文化传统的关键人物，是中国软实力的奠基人，而秦始皇是中国大一统局面的开创人，是中国硬实力的奠基人，两个人同样伟大。随便诬蔑攻击哪一个人都缺乏公正，或者是对于历史的无知。

秦汉两朝大约四百年后，进入中国历史上大分裂时期，这便是三国两晋南北朝，分裂时间近四百年。但这一时期中有作为的皇帝，都不承认另外的政权，他们都把天下作为一个统一的区域来看，因此虽然在地盘上是分裂的，但在文化观念上是向往统一的。这种观念一直持续到今天。几千年下来，中国至今依然是一个疆域广阔的大国，而且地理位置的核心地带甚至全部疆土与秦汉时期都没有太大的变化，真是个奇迹。这种现象与孔子的思想及努力有直接的关系。因此，孔子不局限于宗国的全天下观念的意义是极其深远的。

三、知难而进的坚定信念

孔子离开鲁国后，开始了到处奔波、极其艰辛的周游列国的生活。已经是50多岁的人了，可以有稳定的收入和安定的生活，却偏要背井离乡，去过奔波劳苦的生活，就是为追求理想，为天下开太平，为百姓过上好生活，这种精神本身就值得我们永远敬仰和钦佩。下面我们把孔子周游列国的大致情形概括一下。

离开鲁国后，孔子首先到卫国，住在子路妻子的哥哥家。开始受到卫灵公的热情欢迎，并发给在鲁国同样的俸禄。但后来卫灵公听信谗言，孔子在卫国居住十个月后便主动离开了。

孔子离开卫国，将要到陈国去。路过匡地的时候，被匡人误会是曾经率领军队攻打过他们的阳货，于是把孔子师徒包围起来。数日后才解除危险。离开匡地再路过蒲地，一个多月后，又回到卫国。

这次再到卫国，孔子住在他很敬仰的当代大贤蘧伯玉家。蘧伯玉比孔子最少要大 20 岁,是卫国贤士,资历老,名望高。而卫灵公的宠妃南子坚持要见孔子,孔子前去与其相见,于是留下"子见南子"的故事。不久,"灵公与夫人同车,宦者雍渠参乘,出,使孔子为次乘,招摇市过之"①,孔子感觉伤自尊了,便先后说:"吾未见好德如好色者也。""唯女子与小人为难养也,近之则不孙,远之则怨。"②(《论语·阳货》)于是再度离开卫国。

孔子这次离开卫国路过曹国,到了陈国。后来要到郑国去,路过宋国,在一棵大树下和弟子们演礼。宋国大司马桓魋要害孔子,孔子急忙离开,桓魋将孔子带领弟子演礼的那棵大树砍断以泄愤。

孔子到陈国,居住三年,住在司城贞子家。陈湣公也只是咨询一些疑难事情而已。三年后,晋楚争霸,都经常来讨伐陈国,于是孔子便离开陈国准备回卫国。路过蒲地时,正遇上当地有叛乱,乱兵要阻止孔子。孔子再度遇到危险。孔子一弟子拼命战斗,蒲人害怕,便提出只要孔子不到卫国去,就可以放他们走,孔子答应了,于是与蒲人结盟后离开。走一段路后,孔子马上告诉弟子去卫国。子贡说:"盟约怎么可以不遵守啊?"孔子说:"被胁迫订立的盟约,神灵不听。"于是孔子再到卫国。

卫灵公很高兴,但年老怠政,不能重用孔子。孔子听说晋国大夫赵简子贤良,便想去见赵简子,但走到黄河边听说赵简子杀害贤人,便返回卫国,再住到蘧伯玉家。卫灵公咨询打仗之事,孔子没有正面回答,知道卫国没有希望了,便离开卫国再到陈国。其后又到过蔡国、楚国,但都不能得到真正的重用。这样,"孔子之去鲁凡十四岁而反乎鲁",等回到鲁国时,孔子已经69岁了,这一年是鲁哀公十一年(前484)。

孔子在周游列国中多次遭遇困厄,但最困难乃至几位弟子都难以忍受的一次是"困于陈蔡"的窘境。《史记·孔子世家》载:

　　孔子迁于蔡三岁,吴伐陈。楚救陈,军于城父。闻孔子在陈蔡之

---

① (汉)司马迁撰,(宋)裴骃集解,(唐)司马贞索引,(唐)张守节正义:《史记》,中华书局1959年点校本,第1921页。
② 毕宝魁:《论语精评真解》,世界知识出版社2010年版,第361页。

间,楚使人聘孔子。孔子将往拜礼,陈蔡大夫谋曰:"孔子贤者,所刺讥皆中诸侯之疾。今者久留陈蔡之间,诸大夫所设行皆非仲尼之意。今楚,大国也,来聘孔子。孔子用于楚,则陈蔡用事大夫危矣。"于是乃相与发徒役围孔子于野。不得行,绝粮。从者病,莫能兴。孔子讲诵弦歌不衰。子路愠见曰:"君子亦有穷乎?"孔子曰:"君子固穷,小人穷斯滥矣。"

子贡色作。孔子曰:"赐,尔以予为多学而识之者与?"曰:"然。非与?"孔子曰:"非也。予一以贯之。"

孔子知弟子有愠心,乃召子路而问曰:"诗云'匪兕匪虎,率彼旷野'。吾道非邪?吾何为于此?"子路曰:"意者吾未仁邪?人之不我信也。意者吾未知邪?人之不我行也。"孔子曰:"有是乎!由,譬使仁者而必信,安有伯夷、叔齐?使知者而必行,安有王子比干?"

子路出,子贡入见。孔子曰:"赐,诗云'匪兕匪虎,率彼旷野'。吾道非邪?吾何为于此?"子贡曰:"夫子之道至大也,故天下莫能容夫子。夫子盖少贬焉?"孔子曰:"赐,良农能稼而不能为穑,良工能巧而不能为顺。君子能修其道,纲而纪之,统而理之,而不能为容。今尔不修尔道而求为容。赐,而志不远矣!"

子贡出,颜回入见。孔子曰:"回,诗云'匪兕匪虎,率彼旷野'。吾道非邪?吾何为于此?"颜回曰:"夫子之道至大,故天下莫能容。虽然,夫子推而行之,不容何病,不容然后见君子!夫道之不修也,是吾丑也。夫道既已大修而不用,是有国者之丑也。不容何病,不容然后见君子!"孔子欣然而笑曰:"有是哉颜氏之子!使尔多财,吾为尔宰。"

于是使子贡至楚。楚昭王兴师迎孔子,然后得免。①

---

① (汉)司马迁撰,(宋)裴骃集解,(唐)司马贞索引,(唐)张守节正义:《史记》,中华书局1959年点校本,第1930~1932页。

因为这件事太典型，记载又比较详细，因此我们大段引用并说明分析之。据徐广注是哀公四年，即公元前 491 年，孔子已经 62 岁了。

春秋时期，战争频仍，吴国伐陈，楚国救陈，楚国的军队驻扎城父，楚国国君听说孔子的名声，便派人去请孔子。孔子即将去楚国拜见楚君。陈国和蔡国的大臣合谋道："孔子是大贤，所说均能够击中诸侯的要害，如今滞留在陈蔡之间很久了，各位大夫的所作所为都不符合孔子的心意。楚国是大国，来聘请孔子，一定会重用他。如果孔子在楚国受到重用，那么我们两国当政的这些大臣可危险了。"于是这些大夫都派出自己家的兵将孔子师徒围困在野外，不能前行。更严重的是没有粮食，几天后，孔子随行的学生和其他人员都饿得非常严重，有的都站不起来了。孔子讲诵礼乐诗书，并且弹琴以鼓舞士气。子路很不满，问孔子道："君子也有如此困难的情况吗？"孔子说："君子即使困难，也会坚持道义。小人如果穷困则会胡来了。"

子贡的表情也很不好，孔子问子贡："端木赐，你以为我是学识渊博而有见识的人吗？"子贡说："是啊！难道不是这样吗？"孔子说："不是，我就是始终坚守信仰和道义，用道义来贯穿我一生的行为而已。"

孔子知道弟子们多数有情绪，便招呼子路问道："诗说：'不是犀牛不是老虎，却沿着空旷的野地行走。'是我的主张不对吗？我为什么到这种地步？"子路回答道："或者是我们不仁吧，人家不相信我们？或者是我们不明智吧，人家不赞成我们的行为？"孔子说："有这种情况吗？仲由，假如仁者一定被信任，怎么会有伯夷和叔齐？假如明智者一定能行得开，怎么会有王子比干？"

子路出去，子贡进见，孔子问同样的话。子贡回答道："老师的道太大了，所以天下容纳不下。老师不能稍微降低点标准吗？"孔子回答道："端木赐，好的农民能够种好田地不能保证丰收，好的工匠能够巧妙而不能完全得到主人的满意。君子能够修其道，能够抓住纲要，理顺道义并能够坚持，可能也不为社会所容。如今你不坚持修道而求为天下所容。端木赐，你的理想志向不远大啊！"

子贡出去后,颜回进去见孔子。孔子重复一遍前面的问话。颜回回答道:"老师的道最高远最广大,所以天下不能容纳。虽然如此,老师坚持推广道,不容有什么关系,不容然后才能考验是不是真正的君子。道德不修,是我自己的丑陋。道德既然已经修养很好很高而不能受到重用,是掌握国家政权之人的丑陋。不被天下所容有什么关系!不被容纳然后才能看出君子的品格!"孔子听后笑着说:"真有你的,颜家后生。如果你很有家产,我愿意给你当总管。"

于是派子贡到楚国去。楚昭王派兵来迎接孔子,孔子才免除这场灾难。这是孔子在周游列国期间最典型的困厄情形。此外,孔子还遇到许多常人难以忍受的苦难。在匡地、蒲地、宋国几次遭遇危险,在楚国、宋国等地还经常被冷嘲热讽,遭遇接舆、长沮、桀溺、荷蒉人等都对孔子的行为提出不同的看法。但孔子依旧坚持着,这种知难而进的精神便足以令人感动。尤其是长沮、桀溺的质问以及孔子的回答最说明问题。《论语·微子》第六章记载了这件事。长沮、桀溺合作耕田,孔子派子路去问渡口在哪里,长沮讽刺孔子而没有告诉子路,桀溺则问:"浊流滚滚,天下到处如此黑暗。谁又能改变这种情况呢?你与其跟随躲避坏人的人,怎能比得上跟随躲避乱世的人呢?"继续劳动而不停止。

子路回来报告给老师。孔子很感伤,说:"我们总不能和飞禽走兽一起生活吧?我不跟这些人在一起跟谁在一起呢?如果天下政治太平走上正轨,我孔丘也不会带领你们到处奔波而主张改变这种状况了。"①可见孔子明明知道这是艰难的道路,但他为改变这种浊流滚滚的社会现实而进行着艰苦卓绝的努力。这种坚持的韧性便为后世树立了光辉的榜样。

四、笔削《春秋》的深心

孔子周游列国推行自己的政治主张,饱经风霜,备尝艰辛,却一事无成,铩羽而归。回到鲁国,孔子感到自己通过实践来继承前代优秀文化遗

---

① 毕宝魁:《论语精评真解》,世界知识出版社 2010 年版,第 368 页。

产的愿望已经无法实现,于是便转而求其次,要通过对于历史文献的记录来评判这段历史的是非善恶,给后世留下价值判断与历史文化。

《史记·孔子世家》载,孔子回到鲁国后——

> 子曰:"弗乎弗乎,君子病没世而名不称焉。吾道不行矣,吾何以自见于后世哉?"乃因史记作春秋,上至隐公,下讫哀公十四年,十二公。据鲁,亲周,故殷,运之三代。又中运夏、殷、周之事也。约其文辞而指博。故吴楚之君自称王,而春秋贬之曰"子";践土之会实召周天子,而春秋讳之曰"天王狩于河阳":推此类以绳当世。贬损之义,后有王者举而开之。春秋之义行,则天下乱臣贼子惧焉。
>
> 孔子在位听讼,文辞有可与人共者,弗独有也。至于为春秋,笔则笔,削则削,子夏之徒不能赞一辞。弟子受春秋,孔子曰:"后世知丘者以《春秋》,而罪丘者亦以《春秋》。"①

记载孔子撰述《春秋》的背景、意图以及主要思想倾向。实际是用周礼的标准来记载评价当代之事,"以绳当世,贬损之义,后有王者举而开之",即依据周礼的规定来对现当代历史进行记载与评价,评价包括在文字中,这便是所谓的"微言大义"。孔子其他文字都可以和弟子们共同商量润色,只有撰述《春秋》时,"笔则笔,削则削,子夏之徒不能赞一辞"。

孔子时代是用漆把文字写在简牍上,写字则用笔,笔也不是我们今天的毛笔,而是竹子削成斜尖形,蘸漆来书写。漆有一定浓度,故每一笔下笔时漆浓而粗,到最后则少而细。笔画有点类似蝌蚪,所谓"蝌蚪文"便是如此写出来的书。估计春秋时期可能都是"蝌蚪文",这里的"文"是文字而非文章。因为用漆写在简牍上,如果修改则要用小刀把原来的字刮

---

① (汉)司马迁撰,(宋)裴骃集解,(唐)司马贞索引,(唐)张守节正义:《史记》,中华书局1959年点校本,第1944页。

掉，因此叫"削"，"削"的作用相当于我们现在的橡皮或涂改液。这样，"笔则笔，削则削"实际就是写字或修改。"赞"这里是帮助的意思，就是说，孔子在撰述修改《春秋》的时候，包括子夏这样优秀的学生连一个字都不能动。

孔子对于《春秋》是寄予厚望的，因此在向学生传授的时候说，后世的人能够知道我孔丘的是这部《春秋》，指责批评我孔丘的也是这部《春秋》。那么，孔子为什么要修《春秋》？为什么如此重视《春秋》？我们先看看司马迁父子的说法。《史记·太史公自序》曰：

> 是岁天子始建汉家之封，而太史公留滞周南，不得与从事，故发愤且卒。而子迁适使反，见父于河洛之间。太史公执迁手而泣曰："余先周室之太史也。自上世尝显功名于虞夏，典天官事。后世中衰，绝于予乎？汝复为太史，则续吾祖矣。今天子接千岁之统，封泰山，而余不得从行，是命也夫，命也夫！余死，汝必为太史；为太史，无忘吾所欲论著矣。且夫孝始于事亲，中于事君，终于立身。扬名于后世，以显父母，此孝之大者。夫天下称诵周公，言其能论歌文武之德，宣周邵之风，达太王王季之思虑，爰及公刘，以尊后稷也。幽厉之后，王道缺，礼乐衰，孔子修旧起废，论诗书，作春秋，则学者至今则之。自获麟以来四百有馀岁，而诸侯相兼，史记放绝。今汉兴，海内一统，明主贤君忠臣死义之士，余为太史而弗论载，废天下之史文，余甚惧焉，汝其念哉！"迁俯首流涕曰："小子不敏，请悉论先人所次旧闻，弗敢阙。"[1]

这段文字颇有深意，仔细琢磨司马谈的话，先说周公被天下赞美的原因是因为能够歌颂周文王和周武王的道德，光大其祖先的功德，甚至可以

---

[1] （汉）司马迁撰，（宋）裴骃集解，（唐）司马贞索引，（唐）张守节正义：《史记》，中华书局1959年点校本，第3295页。

推尊到周代祖先后稷时代。周公之后孔子"修旧起废,论诗书,作春秋,则学者至今则之",而孔子死已经四百多年,又需要有人来传承道德与文化了。其中有要求司马迁担当历史责任的意味。我们还是看看司马迁的理解和如何对待父亲的期望:

> 太史公曰:"先人有言:'自周公卒五百岁而有孔子。孔子卒后至于今五百岁,有能绍明世,正易传,继春秋,本诗书礼乐之际?'意在斯乎!意在斯乎!小子何敢让焉。"①

很明显,先人是指司马迁的父亲司马谈,司马谈的话说得很明白,即周公死后五百年而有孔子,如今孔子死后也快五百年了,"能绍明世,正易传,继春秋,本诗书礼乐之际",继承接续昌明历史,正确理解《易经》以及传辞,继承春秋笔法而记载历史,传述诗书礼乐的根本,这些不都是继承孔子的事业吗?不正是司马迁父子撰述《太史公书》包含的主要内容吗?司马迁的父亲司马谈说现在正是时候,是机遇,他本来就想干这件事,但因病要死,才那么迫切地要求司马迁。而司马迁叙述父亲的话,实际暗示自己正在承担这样的历史重任。因此我们可以认为,司马迁所说的"究天人之际,通古今之变,成一家之言",实际是通过《史记》表现自己的历史哲学及对于历史人物与事件的评价。正是这种自觉继承孔子春秋笔法的意识才使《史记》成为研究历史文化的重要文献。

孔子撰述《春秋》的深意是保存周代典章制度与文化,是对二百多年的历史依据周礼进行记录与评价,希望来世有大政治家能够重新开启这样的时代。孔子的愿望在后世真的实现了。《春秋》作为六经之一,再加上三传,是中国古代文化的重要组成部分,在唐代以前一直属于"大经",地位高于《论语》。尤其在汉代,董仲舒提倡儒学,便以专门研究《春秋

---

① (汉)司马迁撰,(宋)裴骃集解,(唐)司马贞索引,(唐)张守节正义:《史记》,中华书局1959年点校本,第3296页。

公羊传》起家,《春秋》是汉代国家政治的大法,包括对外政策,对内断案量刑,《春秋》都是重要的依据。唐代很著名的徐元庆复仇案件,当时便采纳陈子昂的意见最后定案,而到中唐,柳宗元曾经参与讨论,并写下著名的《驳复仇议》。[①] 可见孔子在《春秋》中的意见对于后世政治生活的影响多么深远。那么,孔子的政治主张到底是什么?孔子到底要建设一个什么样的社会制度呢?下面我们便探讨一下这个问题。

第五节　全面继承前代的优秀文化

孔子的文艺思想是其社会理想的一个组成部分,我们按照由大到小、由表及里的顺序,采用层层剥笋的办法逐层解析阐释,本章阐释孔子的社会理想。

孔子站在中国历史转折的关节点上,用终生之心血与艰苦卓绝的努力来保护和传承前代的优秀文化。在对待前代文化上,他有自己的选择和独具慧眼的能力,选择那些优秀的文化遗产继承下来。他继承前代遗产有两个原则,一是现实的实用性,在伦理政治方面,在礼仪方面,在道德心理方面,尽量保持前代的。二是有发展的眼光,并不是唯古是尊,只要对于现实生活有益处,尤其是在衣食住行等具体的物质生活方面,孔子便采纳和提倡更先进的、更节俭的、更适用的。

钱穆先生曾说:"孔子为中国历史上第一大圣人。在孔子以前,中国历史文化已有两千五百年以上之积累,而孔子集其大成。在孔子以后,中国历史文化又复有两千五百年以上之演进,而孔子开其新统。在此五千多年,中国历史进程之指示,中国文化理想之建立,具有最深影响最大贡献者,殆无人堪与孔子相比伦。"[②]可谓高瞻远瞩,十分精辟。

确实如此,中国五千年不间断的文明与历史,便是因为在五千年的中

[①] (唐)柳宗元:《柳宗元集》,中华书局1979年版,第102页。
[②] 钱穆:《孔子传·序言》,生活·读书·新知三联书店2002年版。

间有个孔子，否则真很难说。中国历史上"分久必合"，便是一种文化的认同，便是对于大一统天下的认同，而这种观念便与孔子当年的坚持与弟子的传承有最直接的关系。这种情况只有深思方可看清楚。如果没有孔子，中国领土内现在也许存在几个甚至十几个国家都不好说。

朱熹说："天不生仲尼，万古常如夜。"以前不太理解这句话，以为有溢美之嫌，将孔子的作用和地位强调得太过分了。但当我仔细注释分析完全部《论语》后，当我阅读完《春秋左氏传》和《礼记》等书后，便真正理解这句话的深刻含义了。因为没有孔子，上古即孔子之前的文化以及典章制度便难以流传下来，我们对三皇五帝以及夏、商、周三代的认识是因为孔子坚持周文化，将这些文化传授给弟子，弟子再往下传才流传到今天。试想如果没有保存"五经"，我们怎么认识远古时代的面貌？而没有孔子确立的儒家思想，中国历史不会是这种样态。应当说，中国历史上的汉唐盛世，中国历史上出现的各个比较好的时期，都是儒家思想占据统治地位的时期。

确实，孔子面对当世流传的所有文化遗产，都给予很高的关注并进行认真选择与采纳，并非只取周代之文化制度。

《论语·卫灵公》中记载，颜回问孔子应该如何治理国家，首先应该采取哪些制度。孔子回答道："行夏之时，乘殷之辂，服周之冕，乐则韶舞。放郑声，远佞人。郑声淫，佞人殆。"① 大意是说，施行夏朝通用的历法，乘坐商朝形制的车子，穿戴周朝的礼服礼帽，采用虞舜时的韶乐和歌舞。舍弃郑国的音乐，远离那些花言巧语的人。郑国的音乐太过分，花言巧语的人很危险。

最值得注意的是前三句。所谓"行夏之时"即采用夏朝的历法。春秋时期，普遍使用的是周历。三代历法不同，夏朝是建寅之月，商朝是建丑之月，周朝是建子之月，三代正月的确定不同，相应的月份便不同。简单说，中国古代天文历法非常发达，以十二地支对应十二月份，即每个月都

---

① 毕宝魁：《论语精评真解》，世界知识出版社2010年版，第310页。

对应子、丑、寅、卯等一个地支。因为冬至是太阳行至南回归线，北半球天最短，也是阴气最重、阳气开始上升之日，故将冬至所在的月份确定为"子"，然后依次往下排列。这样十二个月份因为节气的不同便与十二地支完全对应了，即冬至月为子月，大寒之月便是丑月，雨水之月便是寅月。这样，周代建子之月便是用冬至月作正月，过春节；商朝建丑之月便是用现在的腊月作正月，过春节；而夏朝建寅之月则是用现在的正月为正月，我们现在使用历法中的农历便是夏历。老百姓常说"夏历几月"，其实就是这么来的。老百姓未必知道"夏历"是指夏朝的历法。可见夏朝的历法最适合我国的实际。

所谓"乘殷之辂"，就是采用商代的车，商代属于金，尚白，车很可能是原色，素朴，具体情况已经难以具体描述了。"服周之冕"则是穿戴周朝即当代的衣服。可见孔子是选择最优秀最实用的文化遗产来继承。不存在厚古薄今，也不存在厚今薄古的问题。

另一方面便是孔子具有发展的眼光和思想，具有实用理性。下面的事实最能说明问题。孔子说："礼帽用麻料来做，是礼制的要求，如今用丝料做，是节俭的方式，我遵从大众。在堂下见礼叩拜，是礼制；如今改在堂上见礼叩拜，那显得傲慢。虽然违反众人，我还是坚持堂下见礼叩拜。"①

对于古代礼制，孔子并不是全盘坚持和盲从，而是有所选择，特别注重思想与感情方面的继承，而在外在礼仪形式上则与时俱进。本章所涉及的两个方面就很说明问题，在穿戴什么方面，孔子从众，采取节俭的方式，因为用素丝做的冠很省钱，如果还用麻布做，便很浪费，因此孔子采纳用素丝做冠。而在参拜礼节上，孔子宁可违众也要坚持古礼，因为这样可以保持尊卑礼数，在内心情感方面增强对于秩序的遵从。重视内心情感培养超过重视外在的礼仪形式，这是孔子思想中一贯的认识。

---

① 原文为："麻冕，礼也；今也纯，俭，吾从众。拜下，礼也；今拜乎上，泰也。虽违众，吾从下。"毕宝魁：《论语精评真解》，世界知识出版社2010年版，第169页。

孔子是要全面总结继承前人所创造和不断积累的一切优秀文化遗产,在此基础上实现和谐美好的社会,他一生都在积极寻找机会,实现自己的政治理想,因此,孔子从政的积极性是非常高的。

第六节 积极寻找从政机会

孔子不是单纯的文化学者,他想在实际的社会生活中有所建树,终生以"克己复礼"为目标,并为之做切实的努力。孔子一直在寻找参政的机会,曾经有几次机遇,但都错过了。鲁昭公时,昭公与季氏矛盾白热化,乃至于发生武装冲突,季氏在孟孙氏和叔孙氏的支持下打败鲁昭公,鲁昭公流亡,鲁国政治很混乱。孔子便到鲁国近邻齐国寻找机会。齐景公要重用孔子,"将欲以尼豁田封孔子"①,但因晏婴阻挠,齐景公改变主意而没有成功。在周游列国的过程中,在前文提到的"困于陈蔡"之后,楚昭王想要召见孔子。《史记·孔子世家》记载道:

> 昭王将以书社地七百里封孔子。楚令尹子西曰:"王之使使诸侯有如子贡者乎?"曰:"无有。""王之辅相有如颜回者乎?"曰:"无有。""王之将率有如子路者乎?"曰:"无有。""王之官尹有如宰予者乎?"曰:"无有。""且楚之祖封于周,号为子男五十里。今孔丘述三五之法,明周召之业,王若用之,则楚安得世世堂堂方数千里乎?夫文王在丰,武王在镐,百里之君卒王天下。今孔丘得据土壤,贤弟子为佐,非楚之福也。"昭王乃止。②

这段文字生动地记叙了楚昭王要重用孔子而遭到令尹子西反对的情

---

① (汉)司马迁撰,(宋)裴骃集解,(唐)司马贞索引,(唐)张守节正义:《史记》,中华书局1959年点校本,第1911页。

② (汉)司马迁撰,(宋)裴骃集解,(唐)司马贞索引,(唐)张守节正义:《史记》,中华书局1959年点校本,第1932页。

景，孔子虽然没有得到这次机会，但也可以委婉看出孔子弟子才能的多方面。当年秋天，重视孔子的楚昭王便死在城父。孔子在楚国再也没有机会了，于是便悻悻离开楚国而另寻出路。

在阅读孔子相关的文献资料后，我有很强烈的感觉，孔子内心深处是很想有机会实验自己的政治主张的，甚至有"有病乱投医"的意味。具体表现有两次实例，我们分别简介之。

前文提到季氏家族奠基人是季友，其后季文子、季武子两代领导人都是文武全才而又道德高尚，使季氏家族的势力不断发展壮大。但到季平子时期则出现停滞甚至被废除的危险。季平子过于专横跋扈令鲁昭公无法忍受，发生昭公要除去季平子而大动刀兵的事件。最后昭公被迫流亡，至死也未能回到鲁国，引起当时天下的议论，而季平子也背负着"逆臣"或"强臣"的罪名。季氏家族的势力和声望都受到严重损害。就是在季平子时期，季氏才退出首席执政大臣的宝座而由孟懿子担当。季平子死后，季桓子刚刚接替季平子时期，是季氏势力最弱的时期，季氏家臣阳货与当时任季氏宰的公山弗扰共同扣押软禁过季桓子，虽然季桓子逃脱，但也可看出阳货与公山弗扰势力之大。后来阳货要加害季桓子未果而自己叛逃，在这种情况下，远在季氏采邑的公山弗扰召孔子前去。《论语·阳货》第五章记载了孔子对这件事的态度："公山弗扰以费畔，召，子欲往。子路不说，曰：'末之也已，何必公山氏之之也？'子曰：'夫召我者，而岂徒哉？如有用我者，吾其为东周乎？'"①

从对话中可以看出，孔子是真的想去，但子路坚决反对，说："如果实在没有地方去就算了，何必要到那里去？"孔子的回答很值得深思。此问题很复杂，按照孔子的思想和观点，对于反叛者应该深恶痛绝，但在这件事上却产生想要前去的念头，肯定有具体的复杂的背景。公山弗扰尚未公开背叛季氏，只是不满而已，不服从而已。如果公开背叛，孔子是不会动心的。

---

① 毕宝魁：《论语精评真解》，世界知识出版社2010年版，第347页。

季氏在鲁国专政很久，季桓子之父亲季平子便是赶走国君鲁昭公之人，孔子应当很反感。孔子要想推行自己的政治主张，彰显自己的行政能力，则必须有一个可以展示的舞台。费是季氏的采邑，很大的一块地盘，应该比现在的一个县还要大很多。这样，如果真正掌管这样一个地盘的行政权力，确实可以干一些事情。因此孔子才说："那个召我去的人，难道是白白召我吗？如果能够真正用我，我将在东方恢复周的天下和制度。"明显是想借用这次机遇重新建立推行礼乐制度的模范区。

公山弗扰究竟何许人不很清楚，但他曾经与阳货关系密切，二人内外勾结曾经拘禁过季桓子，而主谋与执行者都是阳货而不是他，故其背叛的行迹未公开，并且他当时也没有采取任何激进的措施。而其召孔子可能要重用也无疑，这样或许可以曲线掌握政权。当然孔子最后并没有去，但此事表现出孔子急于将自己的政治理想进行社会实验的心情。这件事情发生在鲁定公八年（前502）孔子51岁之时。如果从事件发展的过程来看，幸亏孔子没有去，如果去了就不会有后来将近三年的从政机会。

孔子周游列国后期，卫灵公已死，孔子用世的希望越来越渺茫。正在苦闷没有出路的时候，晋国大夫赵简子属下采邑中牟的总管，当时称作"宰"，名叫佛肸的人背叛赵简子而召孔子前去。孔子再次动心，又是子路不满意而劝谏。《论语·阳货》第七章载："佛肸召，子欲往。子路曰：'昔者由也闻诸夫子曰：亲于其身为不善者，君子不入也。佛肸以中牟畔，子之往也，如之何？'子曰：'然，有是言也。不曰坚乎，磨而不磷；不曰白乎，涅而不缁。吾岂匏瓜也哉？焉能系而不食？'"①

子路的话很尖锐，可谓击中要害："从前我听老师说：'亲身做过不善之事的人，君子不能到他那里去。'佛肸凭借中牟叛逆，老师却要前去，这是为什么？"

孔子的回答有些强词夺理："是这样，是有这样的话。但最坚硬的东西，即使磨也磨不薄；真正白的东西，即使染也染不黑。我难道是匏瓜

---

① 毕宝魁：《论语精评真解》，世界知识出版社2010年版，第349页。

吗？怎么能只是悬挂着而不吃？"这正可以看出孔子汲汲用世的迫切心情，他太需要有自己的社会实践基地了。因为无论要干成什么事情，都一定要有基础。商汤建立殷商王朝，文王建立周朝，都有一定的地盘，因此孔子两次动心要到两个叛逆的家臣下面去干事。两次都遭到子路的反对，孔子去意未决，故子路一提出反对他便采纳了。前一次明确表示要利用费在东部建立周王朝的礼制。而这次则表明自己不会与叛臣同流合污，清者自清。仔细想来，孔子一直是想真正实践其政治主张，并不想停留在理论的层面。

卫灵公老病，不能用孔子，孔子曾经感叹道："苟有用我者，期月而已可也。三年有成。"①大意是说："如果有重用我的人，一整年就可以见到效果。三年就会取得成功。"可见孔子很自负，坚信自己政治主张的正确性，也坚信自己的能力。这很重要。没有自信是不可能成就事业的。可以说，孔子在这里也不是说大话，按照他的为人和性格，确实可以办到。他还有那么一批能干的弟子，各种人才都有，可惜的是历史并没有给孔子机遇。

孔子不是夸夸其谈的空谈家，孔子也反对言过其实的人，极力提倡敏于事而讷于言，但遗憾的是孔子始终没有得到施展才能的机遇。然而他始终不放弃自己对于真理的追求和对于建设和谐社会的信念。现实政治中的孔子失败了，历史政治中的孔子却达到辉煌的顶峰，达到无人可以比肩的高度。

第七节　实行仁的具体途径

孔子积极寻找机会从政，是要实现自己的政治理想，是要建立最完美最和谐使全体社会成员都能够幸福快乐的社会模式，并为后世提供样板和范式，开万世之太平。孔子建立和谐社会的目标并不是纸上谈兵，而有其

---

① 毕宝魁：《论语精评真解》，世界知识出版社2010年版，第256页。

实际的步骤与设想。卫国与鲁国比邻而居，孔子去卫国很方便，因此孔子对于卫国的政治状况相当熟悉，而且那里有他很多朋友和亲戚。一次，孔子到卫国去，冉有给他赶车。《论语·子路》第九章记载师生对话很生动。

> 子适卫，冉有仆。子曰："庶矣哉！"
> 冉有曰："既庶矣，又何加焉？"曰："富之。"
> 曰："既富矣，又何加焉？"曰："教之。"①

翻译过来就是：

> 孔子到卫国去，冉有驾车。孔子说："人口很稠密啊！"
> 冉有说："人口既然很多，又应该怎样做呢？"孔子说："使百姓富裕起来。"
> 冉有又问："如果已经富裕了，还应该怎样做？"孔子说："对百姓进行教化。"

冉有赶车拉着老师到卫国去，一路上看到人口稠密，一片和谐繁荣的景象，孔子便发出感叹，冉有接着老师的话再问，孔子再回答。从师生对话中我们可以理解孔子的施政理想和步骤。即孔子首先是想让自己统治区域人口多起来，要有人气。有了人口再发展经济，使百姓们都富足起来。在富裕的基础上再加强教育和道德建设，这样循序渐进推进社会进步。可以看出孔子的施政思想和路数。这是很实际的治理天下的思想。后来孟子思想中最核心的两点便是发展经济，使百姓"乐岁终生饱，凶岁不免于死亡"，然后再"谨庠序之教，申之以孝悌之义"，与孔子这里的思想是一致的。

用道德建设来引导百姓，用礼乐制度来约束统一百姓的行为与思想，

---

① 毕宝魁：《论语精评真解》，世界知识出版社2010年版，第256页。

是孔子施政方针的另一大特色。子曰："道之以政，齐之以刑，民免而无耻；道之以德，齐之以礼，有耻且格。"①大意是说："用行政法规来管理统治，用刑罚来整治规范，老百姓可以免于受到刑罚，但心中却没有耻辱感；用德行教化来领导管理，用礼乐制度来整齐规范人的行为，老百姓不但知道耻辱，而且内心与领导亲近而认同。"

这是两个层次的领导艺术。如果只是强调行政管理，用刑罚来进行统治，即使百姓能够免于受到刑罚，但也是被动的，没有内心的自觉意识，只强制外在的行为而不利内在的道德品性的提高，因此是低层次的。只有用仁义道德来身体力行，层层有表率作用，用道德人格的力量来实行领导，才能使百姓口服心服而自觉为国家或集体出力。《礼记·缁衣》篇说："夫民，教之以德，齐之以礼，则民有格心。教之以政，齐之以刑，则民有遁心。"②用这段话来理解本章，便可清楚"格"的准确含义。通俗地讲，如果以德和礼来领导人民，治理国家，就会得到百姓的认同和亲近，有凝聚力和向心力，那么这种道德的力量就是无比强大的。如果用行政和刑罚来治理国家，也能够统治，但百姓对于国家没有感情，就会离心离德，对于国家事务采取逃避的消极态度。因此后来荀子强调"礼乐刑政"的统一，则是更为完备的施政大纲。

可以说现在世界所有国家，没有一个是"道之以德，齐之以礼"的国家，最好的不过是民主法治而已。所谓民主不过是有限度的民主，所谓法治也是有限度的法治。这样便永远不会真正实现全人类的和平，最理想的社会形态也无法实现。

关于政权建设，孔子更重视人心，更重视能够得到百姓的信任。子贡曾经问孔子怎样领导一个国家，孔子回答道，首先是"足食"，要使百姓能够温饱。其次是"足兵"，要有能力保卫国家安全。最后是"民信之"，要得到百姓的信任和拥护。当子贡问在必不得已而去掉一个时，先去掉哪

---

① 毕宝魁：《论语精评真解》，世界知识出版社2010年版，第21页。
② 阮元校刻：《十三经注疏》，中华书局1980年版，第1647页。

条。孔子回答说"去兵",问如果再去掉一条时,孔子回答:"去食,自古皆有死,民无信不立。"①这是很重要的思想,即政权必须以人民的利益为重,必须能够得到人民的拥护与支持,失去民心便失去天下,古今中外莫不如此。

孔子还提出过废弃死刑的理想。《论语·子路》第十一章记载,孔子说:"'善人治理国家如果达到一百年,就可以消除各种残暴的政治而免除死刑了',这话确实对啊!"②从语气可以断定,前面的话是孔子引用别人的,具体是谁的不详。孔子说他"述而不作",从这些地方也可以看出一些痕迹。他经常引用前人或同时期贤人的话,有的明确指出出处,如在《季氏将伐颛臾》章里有引用周任"陈力就列,不能则止"的话。孔子是在充分继承前人思想资料的基础上创新完善自己的思想,这一点必须注意。而两千四百多年前的孔子就提出免除死刑的设想,该是多么难得和令人振奋。的确,要建立一个完善的良好的社会秩序,不是短时间内能够完成的,如果能够有一个世纪的长治久安,社会经济、文化和道德都会达到很高的水平。

还要说明的是,孔子思想并不是异想天开,他是有过社会实践的。他在担任中都宰的时候,将曲阜地区治理得井井有条,社会秩序良好,全中都社会成员的道德水准都很高,一年中便取得了"四方则之"的效果。这说明一个地方主要官员的道德水平高,行政管理能力强,确实可以使这一地区的社会风气大为改观。后来当大司寇,再后来代理宰相,实施"堕三都"的计划,准备一步步削弱三大家族的势力,加强国君的权力。开始时已经取得很大的进展,"三都"中的费和郈都已经毁掉,只有孟氏采邑的"成"还没有动,眼看就要实现其首先在鲁国推行周礼而使鲁国大治的理想。后来由于季桓子以及叔孙氏、孟孙氏三人要保护其地位和权势,在借助国君和孔子之手除掉背叛他们的公山弗扰和侯犯后便开始冷落孔子,使

---

① 毕宝魁:《论语精评真解》,世界知识出版社 2010 年版,第 235 页。
② 原文为:子曰:"'善人为邦百年,亦可以胜残去杀矣。'诚哉是言也。"毕宝魁:《论语精评真解》,世界知识出版社 2010 年版,第 257 页。

其边缘化。

在三年多从政实践的过程中,孔子表现出很高的执政能力和政治智慧。孔子建立了信心,于是才会坚定地离开鲁国去寻找推行自己政治主张的机会。也正因为有这种实践的证明,孔子才会赢得很高的社会知名度,那些弟子才会跟着他到处周游。而当季桓子临终的时候,才会由衷检讨自己不能重用孔子而使鲁国错过了最好的发展机遇。这些因素都与孔子曾经在鲁国有过行政经历并取得实绩有直接的关系。

第八节 孔子理想中的"大同"与"小康"

孔子最理想最向往的是"大同社会",而所要建设的是小康社会,即恢复西周早期的社会状态。这两种社会形态在《礼记·礼运》篇中有明确的表述,我们先看大同社会:

> 大道之行也,与三代之英,丘未之逮也。而有志焉。大道之行也,天下为公。选贤与能,讲信修睦。故人不独亲其亲,不独子其子,使老有所终,壮有所用,幼有所长,矜寡孤独废疾者皆有所养。男有分,女有归。货恶其弃于地也,不必藏于己;力恶其不出于身也,不必为己。是故谋闭而不兴,盗窃乱贼而不作,故外户而不闭,是谓大同。①

因为没有私有财产,而部族又要保卫自己的领地,获取更多的生活资料,便需要有能力的人组织领导大家共同劳动共同生活。因此没有私有财产,自然会"天下为公",这种天下为公不是觉悟有多高,而是一种自发的本能。因为母系氏族社会,孩子便是男性共有的,而且女性之间都是血缘亲属,同辈者为姐妹,长辈者除母亲外都是姨母,因此孩子和老人等于

---

① 阮元校刻:《十三经注疏》,中华书局1980年版,第1413~1414页。

是族群共同拥有的，所以"不独亲其亲，不独子其子，使老有所终，壮有所用，幼有所长，矜寡孤独废疾者皆有所养"便是一种必然的状态。虽然这种状态不是人类最理想的状态，但生活在这样的社会中，人们没有压力，幸福指数是比较高的。"货恶其弃于地也，不必藏于己；力恶其不出于身也，不必为己。"对于货物，人们会自觉将其收藏起来，但不是收藏在自己家里，而是收藏在集体的府库里。对于出力劳动，人们都很怕力量不是出自自己身上，但不是为了自己。这种状态和马克思提倡的共产主义有许多相同点，即劳动不是谋生的手段，而是人生的第一需要。因为没有私有财产，当然没有盗贼，所以路不拾遗，夜不闭户，这是多么美妙的社会图景。

应该相信，在人类历史上，确实存在过这样的社会状态。其实，仔细考虑，当人类发明使用火，会种地、打鱼、捕猎后，便高居地球食物链的顶端，需要解决的便是如何处理人类内部争端的问题了。孔子、老子、墨子等先贤都描述过"大道流行"的时代，我们不必怀疑这个时代的真实性。但那是人类社会在原始时代的生活状态，物质生活水平低下，是低级社会中的理想状态，或者可称为"原始共产主义"，而我们向往的是物质生活极大丰富前提下的大同社会。

向往归向往，孔子毕竟没有赶上"大道流行"的大同社会，他连小康社会也没有赶上。这便是命运。古人说："宁做太平犬，不当乱世人"，可见其对于乱世的厌恶和对太平的向往。孔子对于小康社会的状况也有描述：

> 今大道既隐，天下为家。各亲其亲，各子其子，货力为己；大人世及以为礼，城郭沟池以为固，礼义以为纪，以正君臣，以笃父子，以睦兄弟，以和夫妇，以设制度，以立田里，以贤勇知，以功为己。故谋用是作，而兵由此起。禹、汤、文、武、成王、周公，由此其选也。此六君子者，未有不谨于礼者也。以著其义，以考其信，著有过，刑仁讲让，示民有常。如有不由此者，在执者去，众以为殃，是

子曰："盍各言尔志，于夫子乎？"

曰："愿。"

"某若，颜氏之子某若之曰：夜长并至，闻不忘生，居不求安。"

颜非曰："老其不见！予某三年，颜有三年之蓄。父母之养予于之多？"①

为说明问题，我们翻译一下：

颜非问："三年的苦读，时间也过太了。若子和三年习学习之苦真吗？"

"三年的苦读，时间也过去了。颜的准备各种苦修，并非此刻都要体力制造，日不制丰衣足，旧的糖果已经吃完，新的糖准备在已完成入修者，打几其用火力和钻木取新的糖材料，要准备多下一年的用度，一周内就可以了。"

孔子说："予某一年已经可以准备，若糖糖备其用，对于你来说，

能吃心？"

颜非回答："能吃心。"

非非出手了。孔子说："若予不仁谦啊！该予新生三年，然后才能离开父母怀抱。三年的丧期，若予习通行者规则制的啊！要非

难过就没有受到父母三年的养护吗？"

这是很重要的一章，说明孔子作为代谦恩的大化制似汉不是历子有过说教

无下通孝，"的糖糖某羊羊，予他们视相，"，即肉也有过人之、孔子没有以独谈

"道化，并始其体质化。三年之丧认为其恼士用其丧礼啊，但从于

上代化糖糖，都重能代下说谈化必须恼糖某蒲者，丌下用人倒的仁情遵禽来

① 华实根：《花里精故真啡》，世南动知出版社2010年版，第358页。

礼"。"①这里看孔子的辩解意图，是作为人生态度的确凿永恒的晋出的，甚至
先生看克己的大的意向，还有作依旧深层意且可哪新稳据的样名。

孔子的艰难之处，一是等固地把孔氏文名的看作是可能的一个
取捏分，是由此延伸出来的更为根的，故此又以对于孔子的"仁"乙有内容有
难度的理解和把握才能真正理解其价值。

我们看从孔子其及的时代，孔子的出身与其人生经历历来鲜有孔子毁难
的问题渊与产生的根源。孔子生长在春秋末期，孔子乙死乙死已秘布遍入摆国则
的"周礼"，乙经乱礼崩。孔子目所见礼崩乐坏，经历是然， 乙是相
承礼"，乙是从来源《山海集》中的孔氏有乙俱然为化的缘典， 据因列其买
排"，孔子以成出为以子孔乙开土更无的美好对置落，而他就把自根经
接比乙的最为，在想有的根植资料与现代的历史考察中，孔子乙经历是重造
起矣，是名了周孔文化。

孔子又是北对其现代所有优考文化遂广难承重的通观上名反而来的，孔子
说："周监于二代，郁郁乎文我！吾从周。"（《论语·八佾》）因为周文化
更稳落了夏代和商代的一切优质的文化典光征，有极姜根的文化色彩，是
当时最在各重要熟的文明， 因此孔子去排下周礼。

但是，如果大家是的，孔子由代周孔乙经遴到其大的困惑，人们对于
周礼的信们与敬稚在新废。因此如何让人们信件周礼，重新吸取对于周礼
的拥护，是将持周礼，其己乙孔氏的关联，因来孔子从未放围孔与人性紧密
发起来，用人心内在的"仁"来解接外在的"孔"，以乙满拯孔，以尤其
来乙反，乙和孔，但是有内心关系，便有孔的存在一起，便乙氏的所有
仪式礼与人的内心情感发生了联系。

如将十个年千等固然人文化父母兄弟三年的问题难被到孔子。《论语·阳
货》题常二十一章记载了乃电中的对话：

谓小康。①

"天下为家"与"天下为公"相对，正是父系氏族社会出现的标志，因为以男性为中心建立的社会群体才会更庞大，血缘关系也清楚，是"家天下"的前提。由于私有制的出现，人们各自有自己的家庭，便自然会产生占有这些财产的欲望，于是便会进行争斗，为制止这种争斗便需要有一定的公约，于是逐渐产生了许多规矩，这便是礼乐制度产生的雏形。三代时期，并不都是小康时代，只是禹、汤、文、武、成王、周公统治时期，才出现小康。小康的重要表现就是礼乐制度得到实行，"以著其义，以考其信，著有过，刑仁讲让，示民有常"便是小康社会的标准，即讲求发扬仁义，考察诚信，记录其过错，树立仁德的典型而提倡谦让，向百姓颁布普遍适用的礼义规范。如果不按照这种要求去做，执政在位的人就要被罢免，而普通百姓则要受到刑罚。这便是小康。很明显，大同社会是以德为上，而小康社会则是法制社会了。这里需要强调的一点是："刑仁讲让，示民有常。如有不由此者，在执者去，众以为殃，是谓小康"要树立仁义道德的典范，讲求礼义谦让，对于百姓有常态的道德标准与行为规范。如果有不按照这种标准做事的，如果是执政者，则要免职；如果是普通百姓，则要受到惩罚和处分。这里首先要求的是执政者而不是百姓，执政者如果有问题，要辞职或免职，如果真正做到这一点，社会一定会清平。

通过本章可以看到，孔子的社会理想是先建立小康社会，即统治者关心爱护百姓，发展生产，先使百姓过上富庶的生活，然后再进行礼乐教化，提高百姓的道德水平，这样便可以建设和谐的社会了。

以上我们对于孔子生活的背景、孔子思想产生的来源、孔子之所以成长为当时最权威的思想家的主客观原因以及孔子社会政治理想的主要方面进行了探讨与分析，在此基础上我们再窥测和探讨孔子的美学思想与文艺观。

---

① 《礼运》卷二十一，阮元校刻：《十三经注疏》，中华书局1980年版，第1414页。

第四章 孔子美学思想与文艺观的总体观照

孔子一直关注的是社会政治问题与道德伦理问题,对于美学和文艺并没有专门的论述。但在许多言论中,却涉及美学和文艺。由于汉代"罢黜百家、独尊儒术"的国策,使儒家思想成为历代统治阶级意识形态的骨干和主导思想,这样,孔子思想对于后世的影响则非常巨大,其文艺思想同样巨大,因此研究分析孔子文艺思想是本书的重点之一。本章先从宏观角度来观照孔子文艺思想总的面貌。

美学思想、文艺思想的产生与特征是离不开历史阶段的,一定有那个历史时代的印记。陆贵山先生在《宏观文艺学论纲》说:"文艺带有审美特质的历史现象和具有历史内涵的审美现象,总是同人的历史发生着联系。任何联系都是双向的。必须从双方面来考察文艺同历史之间的深层联系。"①的确如此,我们必须把孔子的美学思想与文艺观放在春秋时期这个特殊历史阶段去思考。前文我们已经将孔子生活的时代以及孔子政治思想、社会伦理思想的概貌作了大体的介绍,在此基础上我们再探讨孔子的美学观以及文艺思想。

第一节 "依于仁"的意蕴

《论语·述而》第六章载:"子曰:'志于道、据于德、依于仁、游于

---

① 陆贵山:《宏观文艺学论纲》,辽宁大学出版 2000 年版,第 1 页。

解答，说子女在三年内不离开父母之怀，即儿童在三年里都离不开父母的哺育与怀抱，父母为儿女在三年里要非常操心与照顾，这样儿女报答父母的养育之恩便需要守三年之丧。

这种解释非常重要，是从人性感情角度来解释三年之丧的合理性。将外在的礼制规范解释为内在情感的要求，并使其合情合理，令人信服。这样就把礼制与情感要求紧密结合在一起，便于保存和流传，并逐渐积淀为心理结构。孔子思想很重要的一点便是用"仁"的内心感情需求来阐释外在的礼乐形式，认为一切礼乐都要有内在的感情，否则这种仪式便没有任何的意义。孔子的这种观点是非常重要的，把礼乐形式与仁的内在情感统一在一起。这对于后世一切文化艺术的理论与创作都有重要的意义与价值。

孔子在《论语·阳货》中深有感慨地说："总说礼啊礼啊，难道就是说上供美玉锦帛吗？总说乐啊乐啊，难道就是说钟鼓琴瑟吗？"① 很明显，礼乐并不是单纯地向祖先神灵供奉食品与祭品，更主要的是内心对于祖先神灵的爱戴、思念及敬畏的感情，是在礼乐活动中唤起崇高与正义的感情，唤起继承前人之美好传统的志向。只有融入内心情感的礼乐活动才是有意义的。

礼所规定的上下等级，老幼尊卑，远近亲疏各自应该遵守的行为规范，并不是外在的硬性的规定，而是人心内在的要求。由于中国以自然经济为主要生活方式，农耕文明必然要求的定居方式，定居方式所必然产生的宗法制，以血缘关系为基础建立起来的宗法制本身便要求建立以血亲为纽带、以父系为核心的家族关系网络。而父子之亲则是天然的人性的要求。父子之亲不但是人类天性，甚至动物莫不如此，最凶猛的老虎和狮子也不吃属于自己骨血的儿子，如果统治狮群或虎群的雄性一旦发生变化，前代父亲留下的幼崽便很难存活。俗语说"虎毒不食子"，指的就是这种

---

① 原文为：子曰："礼云礼云，玉帛云乎哉？乐云乐云，钟鼓云乎哉？"毕宝魁：《论语精评真解》，世界知识出版社2010年版，第352页。

情况。

父亲关心爱护自己的儿子,儿子爱戴敬重赡养自己的父亲,这是发自内心的本性的感情。这样,由父子之亲推展开来,便不断扩展而到家族到国家到天下。这种感情是原始的、天然的、本来固有的。而礼是建立在这种感情生发的基础上并不断完善的。这种解释是符合人性的,也是人们能够理解并接受的。因此,"孝"是仁的核心和根本。全部《论语》的第一章是孔子所说的强调学习的"学而时习之",而第二章便是有子所说的关于孝悌的内容:

> 有子曰:"其为人也孝弟,而好犯上者,鲜矣;不好犯上,而好作乱者,未之有也。君子务本,本立而道生。孝弟也者。其为仁之本与?"①

父慈子孝是人伦关系之基石,如果孝敬父母而好冒犯上级者很少,不好冒犯上级而好犯上作乱者是没有的。因此孝是仁的根本。这种推理是成立的。中国古代反复强调的"忠臣必出孝子之门"是有道理的。而这种由孝道而生发的"仁"是自生的,是内在的感情,不是外加的。因此孔子反复强调仁的自觉意识,强调坚持"仁"的重要性。"为仁由己,而由人乎哉!"(《论语·颜渊》)追求仁,做个有仁德的人完全靠自己,并不决定于他人。"我欲仁,斯仁至矣!"(《论语·述而》)只要我真心追求仁,那么仁马上就来了。

一旦做到仁,那么就与宇宙精神相一致而会达到精神上的愉悦与满足,便会自得其乐,这是人生的真正快乐。因此孔子以及弟子都有"贫而乐"的精神状态,最显著的是孔子和颜回。孔子与颜回之乐是值得我们深思的精神现象。

孔子说:"吃粗粮淡饭,喝凉水,弯着胳膊当枕头随便躺一会儿,快

---

① 毕宝魁:《论语精评真解》,世界知识出版社2010年版,第3页。

乐就在其中了。如果通过不正当的途径而取得财富和官位,对于我来说,就好像天上浮动的云彩一样不屑一顾。"①

这是孔子一再表白的观点,即快乐是一种心满意足的精神状态,只要不饥不渴,能够吃饱饭,有水喝,就可以快乐。这确实是很生动现实的人生经验,其前提是体认真理,体认做人的基本道理之后的人生快乐。如果做了不合道义的事,即使荣华富贵也会心中有愧,那么就没有快乐可言。没有惭愧,不做亏心事才会有幸福和快乐,这是本章的主旨。

我们再看颜回的快乐。

孔子说:"真有贤德啊,颜回!每天就用一个粗糙的竹碗吃饭,用一个水瓢喝水,住在简陋的贫民区,别人忍受不住那样的贫穷和困苦,可颜回依旧不改变他的乐趣。真是贤德啊,颜回!"②

这里涉及儒学一个大问题,即"忧道不忧贫"、"安贫乐道"的问题。孔子提出追求真理,体认真理是人生的最高境界。颜回因为不断悟到真理,因此对于贫穷不在乎,不忧愁。其实,如果能够体认真理,只要温饱内心便会非常平静,而内心平静就是一种快乐。这就是孔子与颜回之乐,这便是儒家之乐。这是现代人应当注意学习和达到的一种境界。属于儒家学说中所谓的"内圣",通过这种内圣的感化教育,并通过礼乐行政的管理与引导使整个社会的人都达到这种境界,这便是所谓的"外王","内圣外王","修齐治平"八个字便是儒家的最高理想和全部修炼内容。

孔子是把追求仁的境界作为人生之终极目标的。《论语·里仁》第五章道:

子曰:"富与贵,是人之所欲也;不以其道得之,不处也。贫与贱,是人之所恶也,不以其道得之,不去也。君子去仁,恶乎成名?

---

① 原文为:子曰:"饭蔬食,饮水,曲肱而枕之,乐亦在其中矣。不义而富且贵,于我如浮云。"毕宝魁:《论语精评真解》,世界知识出版社2010年版,第135页。
② 原文为:子曰:"贤哉,回也!一箪食,一瓢饮,在陋巷,人不堪其忧,回也不改其乐。贤哉,回也!"毕宝魁:《论语精评真解》,世界知识出版社2010年版,第110页。

君子无终食之间违仁，造次必于是，颠沛必于是。"①

君子即使在吃一顿饭的工夫也不能违背"仁"，无论如何艰难困苦、颠沛流离都不能忘记"仁"的品质。他曾经赞美颜回三个月不违背仁，而其他弟子大约是一个月或者一日不违背仁罢了。②

孔子提倡的"仁"在中国古代思想史上有重要意义，他把个体发展与社会发展捆绑在一起，用血缘关系所产生的亲子之爱作为整个社会各种人际关系的基础，突出人对社会与群体的依赖以及个人行为对于社会的反作用。

孔子具有强烈的使命感，反对脱离社会的隐居生活，因为那样对于社会和谐没有任何作用，对于社会进步更没有任何作用。所以当有人提出"避人"不如"避世"的时候，孔子深有感触地说："我们总不能和飞禽走兽一起生活吧？我不跟这些人在一起跟谁在一起呢？如果天下太平，我孔丘也不会带领你们到处奔波而主张改变了。"③可见孔子拯救天下与百姓的意识是十分强烈的。当然，有人认为孔子所说的"鸟兽不可以与同群"中的"鸟兽"是指长沮、桀溺那样隐居的人，是骂人的话，这实在是对孔子的歪曲，孔子对于隐居者还是充满敬意的，只不过孔子为了天下而不能去隐居而已。

孔子反复强调仁的主体性与独立性，即行仁是自己主动的事情，是什么人都可以做到的事情，而每个个体人格的发展与进步乃至最后的完成是实现社会进步的前提与决定因素。这样，孔子便把神权统治的人心逐渐向自觉把握自己命运与人格的方面转化，这是非常重要的变化。把人从被神完全统治下的消极宿命论转向努力建构自己的主体人格而又不能陷入主观唯心主义，既承认客观世界对于人之命运的作用，又能够努力向善，在仁

---

① 毕宝魁：《论语精评真解》，世界知识出版社2010年版，第64~65页。
② 原文为：子曰："回也，其心三月不违仁，其余则日月至焉而已矣。"毕宝魁：《论语精评真解》，世界知识出版社2010年版，第107页。
③ 原文为："鸟兽不可以与同群，吾非斯人之徒与，而谁与？天下有道，丘不与易也。"毕宝魁：《论语精评真解》，世界知识出版社2010年版，第368页。

义的道路上走完一生，实际也可以说是积极宿命论，这便是孔子最伟大的贡献。

下面将积极宿命论再稍微解释一下。所谓"积极"便是在任何情况下都努力去做，无论遇到什么艰难困苦的事情都不放弃而努力前行，将自己的人生融入到社会中去，在对他人的关爱中享受快乐，这便是人生最佳的状态，孔子所提倡的君子一时一刻也不离开仁，"颠沛必于是，造次必于是"，实际就是一辈子行走的仁义的道路。所谓"宿命论"，就是说人的努力不一定能成功，成功还要靠客观环境。诸葛亮所说"谋事在人，成事在天"就是这个意思，苏东坡说"尽人事而听天命"也是这种人生态度，孔子所说的"不怨天，不尤人"也是如此，而这种人生态度是最难得的。因此，孔子提倡的"仁学"以及修炼仁的途径可以看做是人格建构的最合理的构想，对于中国文化传统的形成有奠基的作用。

孔子之前没有明确的清晰的人格建构的路线与途径，人们基本是受神学等外在宗教所支配，而孔子则明确提出以父子之亲为基础，在日常生活中寻求伦理之爱以及感情之满足与快乐，这样就把人们受外在神学支配的被动性转变为自己主动去追求的自觉性。被动支配下的行为与心理都没有快乐可言，而主动追求中的成功才会产生极其强烈的快乐感。

这种对于仁的主动追求与得到仁的快乐共同构成孔子学说的一个重要方面，即通过对于"仁"的实行而获取到的快乐是人生精神生活的最高快乐，那么就会产生很高的审美愉悦。

其实，这种追求仁而产生的快乐与我们国家20世纪60年代大力提倡的"雷锋"精神的实质有相似性，雷锋就是在为人民服务的过程中享受这种快乐的。雷锋曾表示要将自己有限的生命投入到无限的为人民服务之中去，"为人民服务"就是"仁者爱人"。这种精神状态实际就是终生不离开仁的境界，这种追求与孔子时刻不离开仁的人生追求是一致的。

中国的一切美德在孔子思想中都可以找到根据。毛泽东主席说过："一个人做一件好事不难，难的是一辈子做好事而不做坏事。"仔细体会，这正是孔子终生追求仁，不违背仁的境界。颜回之精神境界的本质与当代雷锋精神是一致的。我们不是有意拔高孔子思想及其影响，这种影响是客观存在的，是潜移默化的，中国农村很多不识字的老人随口都能够说出《论语》的一些名言，因此孔子思想对于中华民族传统美德的建构是非常重要的基础与支柱。这种审美愉悦的前提则是在自己行仁的基础上，因此对于孔子"仁"之思想内涵的理解便是理解其文艺思想的出发点。

应该看到，孔子以"仁"为基础的社会伦理美的思想是孔子文艺思想的基础和出发点，在孔子心中，离开"仁"便没有任何"美"。

当我们想到孔子在穿戴孝服之人的面前，在穿戴祭服之人的面前，在盲人等残疾人面前谨慎恭敬的样子，我们便对孔子肃然起敬。当这几种人从孔子面前经过时，如果孔子正坐着，即使对方是年轻人，他也一定会立即站起来，躬身表示敬礼。当孔子从这几种人面前走过时，也一定会怀着恭敬的心情小步很快走过去。这是对于苦难者的尊重，对于弱者的尊重，实际是对于一切人的尊重。① 在《论语·乡党》篇中有同样的记载："见齐衰者，虽狎，必变。见冕者与瞽者，虽亵，必以貌。"

孔子看见穿戴齐衰孝服的人，即使是平常非常随便的熟人，也一定改变态度严肃起来。看见戴礼帽的人或者盲人，即使是常见的非常熟悉的人，也一定非常有礼貌。难道这不是最大的美吗？

当子路看见落水儿童，奋不顾身跳下水去将儿童救出来，家长拉住子路之手感激的时候，难道这不是最大的美吗？

当子贡出使齐国，千方百计赎救了几名流落到齐国而成为奴隶的鲁国人，并把他们带回鲁国，他们与家人团聚拥抱而泣的时候，难道这不是最大的美吗？

当孔子与人一起唱歌，唱得高兴的时候，一定会请对方再唱一遍，孔子进行唱和的时候，难道这不是最大的美吗？②

---

① 见《论语·子罕》："子见齐衰者，冕衣裳者与瞽者，见之，虽少，必作；过之，必趋。"毕宝魁：《论语精评真解》，世界知识出版社 2010 年版，第 174 页。
② 原文为："子与人歌而善，必使反之，而后和之。"毕宝魁：《论语精评真解》，世界知识出版社 2010 年版，第 146 页。

如果我们站在这样的立场来审视体悟孔子的心灵世界，来体会孔子的美学思想以及在此基础上的文艺思想，便可以真正理解其精髓。

第二节 "兴于诗"之重要意义

孔子在《论语·泰伯》篇中说："兴于诗，立于礼，成于乐。"

孔子在教育学生要重视品读诗的时候也曾强调读诗的重要意义：子曰："小子何莫学夫诗？诗，可以兴，可以观，可以群，可以怨。迩之事父，远之事君；多识于鸟兽草木之名。"（《论语·阳货》）

这段话非常著名，是关于学习《诗经》意义的解说，"兴、观、群、怨"是中国传统文艺批评的重要原则。这里的"兴"与"兴于诗"的"兴"意义非常接近，故一并解析阐释之。

"兴"在抒发感情上有两种含义，作诗之人可以通过诗歌来倾诉自己的衷肠，可以抒发自己的感情，这是从创作主体来说的，是诗歌原创时所表现出的思想感情；阅读诗可以使人精神振奋，可以使人受到启迪，是从阅读角度来说，即从接受者来说的。

"兴"的本义是起来，早晨起床则要站立曰"兴"，因此站立起来也曰"兴"。《说文解字》："兴，起也。从舁从同，同力也。""舁"字如果从篆书看便是四只手，《说文解字》解释为"共举"，而"兴"字的篆书则是四只手中间一个"同"字，因此解释为"同力"。孔子和弟子困于陈蔡时，有的弟子"莫能兴"，用的就是本义，即站不起来的意思。

再进一步思考，"兴"字是四只手中间一个"同"字，关于"同"字的最原始意义现在难明，《说文解字》："同，会合也。从冃从口。"①唐代篆书家李阳冰已经指出"从口非"了。如果从字形看，当是殷商时期一种类似于鼎的青铜器，四只手共同用力来抬或举该器物，"兴"是抬起或举起的意思。因此"兴"字本义是起来，而又引申为共同行动、统一行动的

---

① 许慎：《说文解字》，中华书局1963年版，第156页。

意思。既然共同行动，就要协调大家的意志，便有感发唤起人之情志的意思。

孔安国注"兴"字说："引譬连类。"邢昺疏曰："令人能引譬连类以为比兴也。"①钱穆先生说："诗尚比兴，即就眼前事物指点陈述，而引譬连类，可以激发人之志趣，感动人之情意，故曰可以观，可以兴。兴也者，即激发感动义。盖学于诗，则知观于天地万物，闾巷琐细，莫非可以兴起人之高尚情志。"②钱穆先生的解释非常重要，涉及"兴"的主要内涵。所谓"引譬连类"与"激发感动"，是"兴"的两个阶段，两者合意，便是兴的基本意义。

"引譬连类"是指人们见到某一具体的事物形象，通过联想的作用，而体会领悟到与之相关的或者类似的某种普遍性的人生道理。实际是从具体形象联想到与其相类似的形象，并悟出一定的相类似的道理，即从个别到一般，而在这种思维过程中又完全不脱离形象，具有"形象思维"的特征。李泽厚先生认为："这种不是用抽象的、一般的概念，而是用个别的、形象的譬喻来使人们趋向于领会某一普遍性道理的做法，正是我们今天所谓的'形象思维'的开始。"③

举例来看，"子在川上曰：'逝者如斯夫！不舍昼夜'"（《论语·子罕》），孔子在河边看到河水奔流不息，便说了这样一句即兴感叹的话。将过去的时光比喻成奔流的河水，流水的不停与一去不返都与时光有相似点，这本来是比喻，但也能够使人联系自己的生命历程而感奋，产生抓紧时间，时不我待的迫切心情。

孔子又说："岁寒，然后知松柏之后凋也。"用松柏的耐寒比喻人之能够在恶劣的环境中坚持自己的情操，不与邪恶同流合污。都是以个别的事物来曲折阐释一种带有普遍性的道理，而这种道理又有只可意会难以言传的人生意义，具有审美的艺术效果。亚里斯多德说："语言的生动性是来

---

① 阮元校刻：《十三经注疏》，中华书局1980年版，第2525页。
② 钱穆：《论语新解》，生活·读书·新知三联书店2005年版。
③ 李泽厚、刘纲纪主编：《中国美学史》（第一卷），中国社会科学出版社1984年版，第123页。

自使用比拟的隐喻和描绘的能力（也就是说，使听众看到事物）。"① 孔子这些语言充分体现了这种比拟性以及隐喻和描绘的能力，是盛传不衰的经典语言。

孔子在教学过程中不直接向学生灌输自己的观点与理论，而是采用循循善诱的启发的方式，让学生自己去领悟。如当孔子听学生诵读经诗说："蔷薇花啊蔷薇花，你摇曳多姿那么潇洒。我怎么能够不喜欢你思念你啊，只是住得太远太远了。"孔子听说后说："还是没有真正思念，如果真想，怎么会遥远?"②

本章很有意思，也可以看出孔子对于《诗经》灵活运用的情况。具体背景不清楚，可以想象出来，可能是孔子哪名学生朗诵这几句诗，也可能本身有爱情的因素在其中。孔子听到后，马上发表了上面的看法。很明显，孔子这是借题发挥，用类比的方法阐述他"仁远乎哉？我欲仁，斯仁至矣"的观点，不放弃任何机会对学生进行教育。这几句诗在《诗经》中没有，是古逸诗。其实，朗诵诗句的人可能是思念心爱的姑娘，但又碍于住处遥远或有其他阻隔，本身就已经有比兴意义了，而孔子的话则在此基础上又加以发挥，可见《诗经》在先秦时期不仅仅是抒情的手段，也是说理的方式。

《诗经·周南·关雎》更是典型，当年轻男子看到河滩上鸣叫求偶的关雎鸟时，自然产生对于异性的冲动，于是唱出"窈窕淑女，君子好逑"的诗句。由于类似的联想便是引譬连类，由联想而产生的情绪的冲动，喜怒哀乐，便是激发感动，这种触物生发联想后的感动激发便是"兴"的作用与表现。李泽厚先生说：

"兴"在中国美学史上第一次深刻地揭示了诗（艺术）应以个别

---

① 亚里斯多德：《修辞学》第三卷第十一节，伍蠡甫等主编：《西方文论选》（上卷），上海译文出版社 1979 年版，第 95 页。
② 原文为："唐棣之花，偏其反而。岂不尔思？室是远而。"子曰："未之思也，夫何远之有?" 毕宝魁：《论语精评真解》，世界知识出版社 2010 年版，第 188 页。

的、有限的形象自由地、主动地引起人们比这形象本身更为广泛的联想，并使人们在情感心理上受到感染和教育。……孔子提出"兴"这个总括的概念，播下了一颗有着极大发展可能性的种子，后世中国美学关于艺术特征的理论是从这颗种子逐渐生长起来的大树。①

对于孔子关于"诗可以兴"的意蕴，李泽厚这段分析很准确。即"兴"本身包含着两个方面，一是主体见到景象或事物而产生与之相似或相关的联想，这是第一种情形，而在此基础上又产生进一步的联想而造成情绪的激动与感发。五代时词人牛希济《生查子》"记得绿罗裙，处处怜芳草"便是这种想"兴"之感发最好的例证。因为他记得意中人穿的是绿色的罗裙，因此见到与这种颜色相同或相近的颜色便喜爱。由绿色的草而联想到爱人所穿的绿罗裙，于是便产生爱的冲动。这两种感情往往是共同出现的，虽然有先后的区别，但并不能截然分开。可见孔子对于诗歌之"兴"的重视极其深刻，对于中国后世文学思想有重要的意义。

第三节 "游于艺"之实质

"志于道、据于德、依于仁、游于艺"中的"游于艺"是指对于"六艺"全部课程都能够精熟，达到得心应手、游刃有余的程度，自然有乐趣在其中。

当然，这里的"艺"，首先是指孔子当时开设的六门课程，即传统所说的"六艺"，包括礼、乐、射、御、书、数。前人对于"六艺"有更详细的解说，今引刘宝楠《论语正义》的说法："艺，六艺也。一曰五礼，二曰六乐，三曰五射，四曰五御，五曰六书，六曰九数。"②后文还有进一步的解释，为阅读的方便，今直接用现代汉语讲解：五礼是指吉礼、凶

---

① 李泽厚、刘纲纪主编：《中国美学史》第一册，中国社会科学出版社1984年版，第123页。
② 刘宝楠：《论语正义》，《诸子集成》第一册，上海书店影印本1986年版，第138页。

礼、宾礼、军礼、嘉礼。杜佑《通典》中之"礼典"便是如此名目。六乐是指云门、大咸、大韶、大夏、大濩、大武。如果再进一步解释，云门当是黄帝时的音乐，大咸则是唐尧时的音乐，大韶则是虞舜时的音乐，大夏则是夏禹时的音乐，大武则是周武王时的音乐。也可以看成是各个历史时期的国歌。五射是指白矢、参连、剡注、襄尺、并仪。具体都是什么情形难以确考，但可以推测出其大端。五御是指鸣和鸾、逐水曲、过君表、舞交衢、逐禽左。根据词义可以推测出来，是驾车在五种情况下的技巧与礼仪。六书则是指象形、会意、转注、指事、假借、谐声。顺序和名称与今天文字学的六书稍有不同。九算是指方田、粟米、差分、少广、商功、均输、方程、赢不足、旁要。仔细分析，其中包括数学、几何学等。

据此可知孔子这里所说的"艺"包括各种知识，并不是专指艺术，倒很像现代的技术，因此中国有"技艺"一词，即技术发挥到极致便有艺术效果，便有美感了。另一方面，如果将这些技术脱离实用功能，也包含着艺术的因素了。如孔子曾说"射不主皮，古之道也"（《论语·八佾》），即六艺中的射箭比赛并不比较谁能够把皮面的靶射透，而只是看其准确程度。这样，射箭便只是礼仪性质的，而与实战的军事训练不同，具有艺术的成分。

简言之，"游于艺"的"艺"更多的是技巧而不是艺术，更接近于俗语"手艺"的"艺"，但任何技巧都包含艺术，技巧的最高级程度即所谓出神入化便是艺术，故与艺术的"艺"也有密切的关系。因此，广义上说"游于艺"是在艺术的殿堂里遨游享受也可以，而且这里的"艺"不仅仅局限于孔子教学活动的"六艺"，还应该包括一切带有技术性的劳动技艺等。

《论语·子罕》记载达巷党人评价孔子的话以及孔子的反应，很有意思，也能够说明一定的问题。

达巷街的一个人说："孔子真是伟大啊！他的学问广博，却没有足以使他成名的专长。"孔子听说了，对他的弟子说："我专攻什么呢？是驾车呢？还是射箭呢？我还是驾车吧！"①

"达巷"当是街道胡同名称，应该是一条宽敞而又方便的胡同。"党人"指那里的居民。孔子是老师，并不刻意追求成名，就像教练一样，能够培养指导出各个方面的专业人才，而教练本人不一定是专家。尤其像孔子这样的教育家，所有专业课、基础课、必修课都他老人家一个人上，怎么会专攻哪一门呢？大思想家、哲学家多不是某一方面的专家。但孔子还是接受其意见而选择了驾车。前人多数认为孔子选择的是最低级的技艺，并认为驾车又是他人之仆，则更低级。其实不然，当时御者并不低贱。我认为孔子可能是驾车技术好，而且对于驾车有兴趣，因此这样说。孔子其实很平易近人，很平实，我们不必神秘之。其实这里的"成名"即指某种技艺的"艺"，所以孔子所说的"射"和"御"便是"艺"。

还应注意，六艺中的乐不仅仅是演奏的技巧，更包含着对其中内容的理解，从而对人之精神也是一种陶冶与升华。而乐与舞、诗又经常三位一体，因此在进行礼乐仪式的活动中，参与者可以享受充分的自由感和审美愉悦。这种自由感与审美愉悦之中当然包含着娱乐、游玩、观赏的意味。这里的"游"字包含着优游娱乐、观赏快乐、游刃有余等种种意蕴，并不是游戏以遣怀，以安顿心灵。有的学者说："细考孔子生平及《论语》，'游于艺'的确是他政治失意后所采取的一种生活和心灵安顿方式。"②这种解释值得商榷，孔子终生也没有放弃对于"克己复礼"志向的追求，并没有到游戏中去排遣愁肠或安顿心灵，这样理解"游于艺"是不够准确的。

第四节 "成于乐"之要义

《论语·泰伯》篇中载孔子的话说："兴于诗，立于礼，成于乐。"③

---

① 原文为：达巷党人曰："大哉孔子！博学而无所成名。"子闻之，谓门弟子曰："吾何执？执御乎？执射乎？吾执御矣。"毕宝魁：《论语精评真解》，世界知识出版社2010年版，第169页。
② 李生龙：《儒家文化与中国古代文学》，岳麓书社2009年版，第385页。
③ 毕宝魁：《论语精评真解》，世界知识出版社2010年版，第157页。

这是非常重要的一章。诗、礼、乐都是孔子教学的课程，也是教学的主要内容。孔子将这三个方面对于人格培养和成长的作用论述得十分简明。诗歌可以唤起人对于美好的追求，启发人的心智。礼仪活动具有社会集体的性质，可以培养人在社会中的行为规范和交际能力，可以得到社会的承认和认可。应该说，现代出现很多有"自闭症"心理疾病的人，便是缺少参加社会活动的缘故。人只能在与人交往中获取自信与快乐，"礼"实际便是将个体的人融入社会的重要形式。即使是现代社会，也需要有活动场所，在各种活动中才可以培养人的能力和融入社会的能力，故是立身的意思。而音乐活动又与礼仪相互配合，可以提高人的道德情操和审美能力，使人格更加完善。如果再简明说，文学尤其是诗歌开启人的智力，适合唤醒人的意识。礼仪等活动培养人的社会活动能力，提高人的威信，使人更好地融入社会而站立起来，成为社会的人。音乐、舞蹈、戏曲等文化艺术活动可以提高人的审美情趣和陶冶人的情操，可以提升人的文化品位，故这三个方面都是教育的重要内容与环节，是人不断走向完美人格的途径。

　　我们再进一步分析，"成于乐"的"乐"很明显是"礼乐"的"乐"，而非"快乐"的"乐"。但两者确实是有联系的，礼乐之乐是通过音乐歌舞活动来感化陶冶人的情操，净化人的精神，给人带来视觉与听觉的快乐。而真正好的礼乐活动，其深层的内容则是社会各阶层对于现实生活之美好秩序的提纯与升华，艺术形象表现的是那些美好的内容。实际任何礼乐歌舞活动中都表达某种思想与情绪，这些思想与情绪本来是创作者的真实感情与愿望，是他们将自己最欣赏、最崇拜、最快乐的情绪艺术化了。这种强烈的思想情绪凝聚在具体的歌舞礼乐活动中，而这些活动的外在形式将这种抽象的思想情绪表现出来，引起参与者与观赏者的共鸣，于是感动便产生了。这是一切艺术产生教育功能的原因。应该说，正义、强烈而纯真的感情才是礼乐形式尤其是带有歌舞之表演形式的灵魂。

　　因此可以说"礼乐"的"乐"产生于快乐的"乐"，快乐是礼乐的前提，又是结果。必须再强调一下，孔子思想的核心是"仁"，因此礼乐与快乐的内核也是"仁"。孔子曾经说过:"知之者不如好之者,好之者不如乐之者。"这里的"乐"实际是快乐的意思。很多古代学者都将"之"解释为"仁",这样理解是正确的,但也可以理解为"学习仁",总之,与仁肯定相联系就是。这样,这句话就可以理解为:知道学习仁不如爱好学习仁,爱好学习仁不如以学习仁为快乐。这便是上文提到的孔子与颜回之乐。

这样,我们重新理解"兴于诗,立于礼,成于乐"这句话,就会有更深刻的印象。孔子将其教学中最具文学艺术性的诗与六艺中最具艺术因素的礼、乐联系起来,论述其对于人格培养与塑造各自的作用,更值得我们深思。

仔细思索,这是孔子教育弟子培养弟子的过程与途径,也是指导有志青年自学成才的途径,而其特点便是文学艺术的熏陶,道德力量的感化,循循善诱的教导而不是填鸭式的灌输,是启迪开发人的心智而非强制性的教训,更不是棍棒式的管制与教训。从《论语》中看孔子与弟子谈话的情景,我们便可以感受到长者尊者对于弟子启发而委婉教导的音容笑貌,如和煦的春风般温暖。

其实,如果我们再仔细揣摩的话,便会知道孔子是以周礼为秩序为外在行为的规范,而更加注重的是学生内在美好品质的塑造。而美好品质的重要表现可以概括为温良恭俭让,如果再具体说,便是关心爱护他人与社会,便是正直与诚信,而这是一切美好社会的基础。无论什么社会制度,都是由个体的人组成的。追求仁,以体会到仁的光辉而快乐则是最高的境界,而这种境界是自己通过学习与感悟获取的,只要没有饥寒,这种快乐便可以获得。这种快乐是领悟人生真谛后才可以产生的理性的最高级的快乐。

子路与孔子的一段对话很说明孔子对于完美人格的看法:

> 子路问成人。子曰:"若臧武仲之知,公绰之不欲,卞庄子之勇,冉求之艺,文之以礼乐,亦可以为成人矣。"曰:"今之成人者何必

然？见利思义，见危授命，久要不忘平生之言，亦可以为成人矣。"①

大意是说，子路问怎样才算完人。孔子说："像臧武仲那样明智，像孟公绰那样清心寡欲，像卞庄子那样勇敢，像冉求那样有才能技艺，再用礼乐文采来提升文化，差不多就可以成为完美的人了。"又说："如今的完人又何必一定要做到这样？看见利益能够首先思考是否合理，看见危险敢于献出生命，长久处在困难境地而不忘记平生的志向与诺言，就算是完美的人了。"

孔子强调，人要明智、清廉、勇敢、有技艺，但还要具有礼乐文化，才会成为完美的人格。但这些都需要对于人生真谛的理解与获取，而人生真谛的理解与获取则非知识不可，故需要"兴于诗"。

第五节　《论语》中的文学

《论语》中也提到了"文学"，而且是孔子自己说的。《先进篇》第三章道："德行：颜渊、闵子骞、冉伯牛、仲弓。言语：宰我、子贡。政事：冉有、季路。文学；子游、子夏。"这段文字出于孔子之口无疑，故加引号。因为别人没有资格这样来评价孔子的学生，也不可能如此了解孔子的学生。孔子说："我的学生各有所长，德行方面：最优秀的是颜渊、闵子骞、冉伯牛和仲弓。言语方面：最优秀的是宰我和子贡。政事方面：最优秀的是冉有和季路。文学方面：最优秀的是子游和子夏。"

后世学者对这句话非常重视，一般都说是孔子将自己的学生分为四科，即德行、言语、政事、文学。又把孔子提及的十名学生称作"十哲"，许多孔子庙堂中便有这十名学生。但这样理解可能非孔子本义。孔子非常重视并寄予很大希望的子张，在孔子弟子中地位很高，在首篇《学而》中就出现的，有若和曾参都没有进入这个名单。《学而》共十六章，第一章

---

① 《论语·宪问》，毕宝魁：《论语精评真解》，世界知识出版社2010年版，第279页。

是"子曰",第二章、第十二章、十三章分别是"有子曰",第四章和第九章分别是"曾子曰"。其他弟子都是直接出现字或名字,基本不称"子",如"子夏曰"、"子路曰"、"子贡曰"、"子张曰"等等,可见有若和曾参在孔门弟子中地位是很高的。

子张也是值得注意的,在《论语》中,向孔子提出问题最多最实际而且多是关于重要问题的是子张,孔子死后,与子游、子夏、曾子共同坚持与努力传播孔子思想的也以子张为最。因为子夏、子游、曾子和子张年龄相近,都是孔子晚期的优秀弟子。子夏、子游、曾子对子张都很敬佩,但子张在后世的名气好像没有前三个人大。我曾经思考过这个问题,后来阅读《礼记》才知道答案,原来子张英年早逝,因此没有取得更大的成就。子张死的时候,曾子正为他母亲守孝,故子张死年应该在四十左右。而"十哲"如果是孔子自己对弟子的排名,没有这三个人不太可能,不合情理。

我们这里重点要探讨的是"文学"一词。孔子时代还没有现代的文学实践,也没有现代的文学观念。这里的文学是"文化的学问"之意,包含"六艺"的全部内容,与"游于艺"的"艺"相近,但二者还是有区别的。如当季康子向孔子咨询其弟子谁能够从政当官时,便问到冉有是否可以从政,孔子立即回答道:"求也艺,于从政乎何有?"[①] 为回答季康子同样的问题,孔子先后对三个弟子做出评价,"由也果"、"赐也达"和"求也艺",都是其最擅长处。冉有是以"艺"为长,但在孔子对弟子评价中,冉有和子路是以政事才能突出而被列入名单的,并不是"文学",可见"艺"与"文学"并不是一回事。

关于这里的"文学"一词的内涵,邢昺疏曰:"若文章博学,则有子游、子夏。"[②]解释为"文章博学",不够细致。刘宝楠在《论语正义》中有比较详细的解说,很有启发,有参考价值。

---

① 毕宝魁:《论语精评真解》,世界知识出版社 2010 年版,第 108 页。
② 阮元校刻:《十三经注疏》,中华书局 1980 年版,第 2498 页。

沈氏德潜《吴公祠堂记》曰：子游之文学，以习礼自见。今读《檀弓》上下二篇，当时公卿大夫世庶，凡议礼弗决者，必得子游之言，以为轻重。故自论小敛户内，大敛东阶，以暨隐咏犹无诸节，其间共一十有四。而其不足于人者，惟县子汏哉叔氏一言。则其毕生之合礼可知也。朱氏彝尊《文水县卜子祠堂记》曰：徐防之言：诗书礼乐，定自孔子。发明章句，始于子夏。盖自六经删述之后，《诗》、《易》俱传自子夏。夫子又称可与言诗。《仪礼》则有《丧服传》一篇，又尝与魏文侯言乐。郑康成谓《论语》为仲弓子夏所撰。特《春秋》之作，不赞一辞。夫子则曰：春秋属商。其后公羊、穀梁二子，皆子夏之门人。盖文章可得而闻者，子夏无不传之。文章传，性与天道亦传。是则子夏之功大矣。由沈、朱二文观之，是子游子夏，为文学之选也。①

这里分别引用清代大学者沈德潜和朱彝尊文章中的论述来说明"文学"的意义，沈德潜侧重陈述子游对于礼的贡献。孔子死后，子游是当代礼学的最高权威。朱彝尊则比较全面地评述子夏对于阐释传播孔子学说的巨大贡献。可见子游、子夏的文学是指文化的学问，这里的侧重点在学问方面而不在对于六艺的熟练掌握与演示方面。子游在礼学方面最突出，是孔子死后最权威的人物，故被当世所重。而子夏则在全面传播孔子学术思想方面成就最卓著。《春秋公羊传》、《春秋穀梁传》、《毛诗》都是子夏传承下来的。

这样，我们基本可以知道孔子口中"文学"的大致内涵，即关于六艺的知识与学问。"游于艺"的"艺"偏重于六艺的实际技巧，即纯熟的运用能力，而"文学"则偏重于对其知识与学问的掌握与阐释，后者自然便有传播与教育后学的能力。

虽然这里的"艺"和"文学"并不是现代意义的文艺或文学，但与仁

---

① 刘宝楠：《论语正义》，《诸子集成》，上海书店影印本1986年版，第238~239页。

义道德等不同，有艺术的因素在内，对后世的文艺思想有深远而广泛的影响。相比较，"艺"侧重实践能力与技巧，文学则更强调"学问"，故与后世的文学更接近。

第六节　文质并重观念的贡献

"文"与"道"的关系一直是中国古代文学与艺术争论不休的话题，也是指导文学创作的重要理论基础，一旦出现偏差就会直接影响那个时期的文学创作。文与道之关系论证的产生源自孔子文与质关系的论述。《论语·雍也》："子曰：'质胜文则野，文胜质则史。文质彬彬，然后君子。'"①

这是非常有名的论断，要求人要处理好文与质的关系，既不要粗野，大大咧咧，显得很粗俗，也不要故意文绉绉的，显得古板拘禁，只有适度才好。就这句话本身来看，是孔子要求学生在气质方面掌握好尺度，这样才能算是君子，并不是指六艺与学问。但这种论述却引发出很重要的思想，即如何处理好内在品质与外在表现的问题，再往前思考一步，便是艺术作品内容与形式的关系了。

子贡反驳棘子成的话便是对这一问题的具体阐释，对于理解孔子这句话更有启发与帮助。卫国大夫"棘子成曰：'君子质而已矣，何以文为？'子贡曰：'惜乎！夫子之说君子也！驷不及舌。文犹质也，质犹文也。虎豹之鞟犹犬羊之鞟'"②。大意是，棘子成对子贡说："君子只要质朴就可以了，何必要那些礼仪文采呢？"子贡说："可惜啊，您老先生评说君子的话错了。一言既出驷马难追。如果文采就是质朴，质朴就是文采，那么，老虎和豹子的皮便等同于狗和羊的皮了。"

这是很难解释但又很有意思的一章，涉及内容与形式的关系问题。棘

---

① 毕宝魁：《论语精评真解》，世界知识出版社 2010 年版，第 114 页。
② 毕宝魁：《论语精评真解》，世界知识出版社 2010 年版，第 236 页。

子成可能是对于孔子师生举行礼仪活动有看法,对于孔子以及弟子注重仪表有看法,因此才那么说。子贡的反驳很有力。最后的比喻生动而精彩。鞟是去掉毛后的皮板,如果把毛都去掉,那么虎豹的皮和狗羊的皮便没有什么区别了。正是毛色斑斓才显示出虎豹的高贵,如果将毛色都去掉,只剩下皮板,质朴是质朴了,但绝对不美丽了,因此外在的文采和内在的本质都是需要的。

本章子贡与棘子成讨论的是人之内在品质与外在仪表的问题,并不是指文艺或文学,但却与文艺作品相通。一切文艺作品的外在形式同样重要,离开了形式的内容是不存在的,形式对于内容也有重要影响。这便是文与质的辩证关系。

其实,无论是人还是文艺作品,都是内容与形式的统一。再进一步引申到文学作品方面,这种情况更为明显,任何作品都包含这两个方面,只是突出或强调哪个方面的问题。从不同的文学思想与观念出发,创作出的文学作品便会出现不同的面貌和倾向。

文学的自觉来自于人性的自觉,秦统一后,加强思想统治,人们没有思想自由,更没有言论自由,当然谈不上人性的自觉。汉朝时期国力强盛,思想则"罢黜百家,独尊儒术",是经学统治,虽然有古今文经学之争,但其范围依旧在儒家经典之内。

大一统的政治统治必然出现"万马齐喑"的局面,东方朔在《答客难》中说:"今则不然,圣帝流德,天下震慑,诸侯宾服。连四海之外以为带,安于覆盂。动犹运之掌,贤不肖何以异哉?遵天之道,顺地之理,物无不得其所。故绥之则安,动之则苦;尊之则为将,卑之则为虏;抗之则在青云之上,抑之则在深泉之下;用之则为虎,不用则为鼠;虽欲尽节效情,安知前后?"①东方朔完全是正话反说,天下大一统,则一切由统治者决定,士人无法主宰自己的命运,"尊之则为将,卑之则为虏","用之

---

① 《汉书·东方朔传》,《二十五史》第一册,上海古籍出版社、上海书店1986年缩印本,第629页。

则为虎,不用则为鼠",是多么精彩的比喻,确实是士人命运的真实写照。这样的环境是不可能出现人的自觉与文学的自觉的。汉末大乱,社会解体,政治统治也土崩瓦解,经学对人的束缚也土崩瓦解,人们开始独立思考。因此魏晋时期是中国文学发展的重要时期,是文学开始自觉的时代。其后,文学创作便不断出现"文"与"质"关系的争论。每一次文学面貌的变化,都与文学界的这种争论有关系。

无论古今中外,文学与艺术都包含内容与形式两个方面,也永远涉及如何处理好文与质关系的问题,因此这始终是无法避开而必须面对的问题。在艺术审美上又都存在真、善、美三个方面,如果质与文与之相对应的话,质属于内容,对应的主要是真与善,文则属于形式,对应的便是美。因此,我们从真、善、美三个方面来探讨孔子思想中的文艺思想。

第五章　孔子文艺观对于"真"的高度重视

第一节　"思无邪"的本质意蕴

　　《论语·为政》第二章便是孔子对于诗的赞叹：子曰："诗三百，一言以蔽之，曰：'思无邪。'"① "思无邪"成为后世《诗经》学的重要范畴，也是后世文艺理论探讨比较多的话题。理解这句话的关键是"邪"字。朱熹翻译说：程子曰："思无邪，诚也。""诚"就是真诚，不虚伪。"邪"在古代是徐虚的意思，即吞吞吐吐，要说不说，不说还想说，不敢直抒胸臆。而《诗经》各篇确实是真情流露，敢爱敢恨，实话实说，毫不矫情，思想感情真实而不虚假，这是大美至美。这句话对于理解《诗经》很有帮助。

　　因为"思无邪"很重要，因此我们再展开一点解说。首先，《论语》本章出现在《为政》第二章的位置上，就值得我们格外重视和深思。

　　《论语》篇目章节的排列是大有深意的。我对本篇主旨概括为"'德政'是本篇之骨骼筋脉，守正、真诚是主要表现与要求。人终生要走正途是本篇之主旨大纲"。对于"思无邪"一句，汉代包咸注解为"归于正"，肯定是对的，与全篇的主旨一致。但还要进一步地阐释，"邪"的本字是

---

① 　毕宝魁：《论语精评真解》，世界知识出版社2010年版，第20页。

地名，许慎《说文解字》解释此字说："邪：琅邪郡，从邑牙声。"①段玉裁的《说文解字段注》只是解释其作为语气助词的"邪"与"耶"意义相近，并没有解释作为实词的用法。如果从字形来看，就应该是地名。如何引申到"歪邪"，与"正"成为反义词，难以考证。但孔子在这里的用法，肯定是"不正"的意思。但这里的不正，不是淫邪的意思，而是"不真诚"、"不纯正"，即虚伪、矫情、巧言令色。其侧重点在提倡实话实说，真情真发，而不是虚情假意。因此，"思无邪"就是真情，属于真善美中对于"真"的要求和肯定。

"真"就是不欺，诚信，而诚信是做人最重要的品质，甚至可以说是"仁"的基石。如果没有诚信，则"仁"便成为空中楼阁，虚幻不实了。

《论语》中讲到诚信的内容则太多了。孔子关于诚信的最主要的人们耳熟能详的论述也在《为政》篇中，即第二十二章："子曰：'人而无信，不知其可也。大车无輗，小车无軏，其何以行之哉？'"②强调诚信是人的立身之本，是人在社会上可以前行的前提，这绝不是偶然的。"诚信"与"真"本质内容上一致，可见"真"是文学作品的生命。

法国弗洛贝尔说："一本书应当具有品德，假如读者看不出来的话，若非读者愚蠢，便是从精确的观点来看，这本书是错误的。因为一件东西只要真，就是好的。"③确实，真是一切美好事物的基础与开端，虚假和伪善是最令人讨厌的。"善和美在本质上是同样的东西，因为二者都建立在同一个真实的形式上面；但他们的意义却不相同，因为善与欲望相对应，其作用恰如最后因，而美则与知识相对应，其作用有如形式因。各种事物能使人一见而生快感即称为美。"④善和美都建立在真的基础上，善和美的前提是真，故缺失了"真"，其他便都没有任何意义。

---

① 许慎：《说文解字》，中华书局1963年版，第135页。
② 毕宝魁：《论语精评真解》，世界知识出版社2010年版，第36页。
③ ［法］弗洛贝尔：《致乔治·桑》，伍蠡甫等主编：《西方文论选》（下卷），上海译文出版社1979年版，第215～216。
④ 圣·托马斯·阿奎那：《哲学著作》："一、关于美和艺术"，伍蠡甫等主编：《西方文论选》（上卷），上海译文出版社1979年版，第149页。

"真"首先是真实的感情,文学作品之所以能够打动读者,其根本原因便是读者在文字的背后感受到作者涌动的热血与激动的泪花,没有真情的作品是不可能感人的。真正用泪水和心血写出的文字便足以打动人心,陈子昂的《登幽州台歌》便是发自灵魂的呼喊,便是对公平与正义的召唤,故能够打动后世无数怀才不遇之文人的心;而孟郊的《游子吟》则是他对于母爱发自肺腑的歌颂,故成为母爱颂歌的代表作。其实,这两首诗都质木无文,没有丝毫的艺术表现,但就是感人,而这种感人的魅力便出自于作者的真情与深情。

因此,"真"是一切艺术品的灵魂与生命。王国维说:"尼采谓:'一切文学,余爱以血书者。'后主之词,真所谓以血书者也;宋道君皇帝《燕山亭》词亦略似之。"①李后主的《虞美人》(春花秋月何时了),宋徽宗的《燕山亭》(裁剪冰绡)两首词都是二人由帝王沦落为囚徒后痛心疾首的哭诉,是用含血的眼泪写成的,故非常感人。他们在位时是写不出这样的精品的。韩愈的《祭十二郎文》完全是真情的流露,如话家常,如泣如诉,打破一切祭文的写法,成为后世经典,其最突出的特点便是真情。

法国作家波德莱尔在《一八四五年的沙龙》中指出:"艺术家必须具有一种真率的品质,并能够忠实表现自己的性情,再加上自己技巧所具备的一切方法的帮助。没有性情的艺术家,是谈不上绘画之事的。……一切艺术的本质永远是美的事物通过每一个人的感情、热情和梦想而取得的表现。"② 对于真、善、美的追求是全人类共同的愿望,仔细品味,这里"真率的品质"和"忠实表现自己的性情"便都是"真",与孔子所说"思无邪"的意蕴是一致的。

另一位法国作家乔治·桑也说:"成功的显露只从一种情绪里来,一种情绪只从一种信心里来。你不热切相信的东西决不感动你。……我们的作品有没有价值,永远只看我们自己有没有价值。……必须写给所有渴望

---

① 王国维撰,黄霖等导读:《人间词话》,上海古籍出版社1998年版,第5页。
② 伍蠡甫等主编:《西方文论选》(下卷),上海译文出版社1979年版,第227~228页。

读书的人看,能利用好书的人看。所以必须笔直走向自己的最高道德,不把作品的道德和有益的意义神秘化。……可是你写东西,就是为了感动他、争取他;假如你自己先不感动的话,你就永远达不到这个目的。或者假如你瞒得实实的,他以为你无动于衷了。"如果把你的感情包裹起来,不能真率流露,其实就是虚伪,你自己都不感动,却要去感动别人,怎么可能?因此,真实的感情是一切艺术作品的灵魂。①

第二节 "绘事后素"的文化意义

以"文学"进入"孔门十哲"的子夏与孔子有一段精彩的对话,被编辑在《八佾》篇中,是第八章。原文是:

> 子夏问曰:"'巧笑倩兮,美目盼兮,素以为绚兮。'何谓也?"子曰:"绘事后素。"曰:"礼后乎?"子曰:"起予者商也!始可与言诗已矣!"

其大意是:子夏问道:"'巧妙的笑容,酒窝微微动人;美丽的眼睛,眼珠转动有神;洁白的底色,上面色彩缤纷。'这几句诗是什么意思啊?"孔子说:"绘画要在白色的素绢上进行,因此绘画的过程要后于洁白的底色。"

子夏说:"这样说,那么礼在最后吗?"孔子说:"启发我的人就是你卜商啊!现在可以开始和你讨论《诗经》了。"

本章记载子夏和孔子关于《诗经》中三句诗意义的讨论,很有意思。诗句出自《卫风·硕人》,但只有前两句而没有第三句"素以为绚兮",而正是这句诗中才有素字。可以肯定,这句诗是在孔子身后散佚的,当时孔

---

① [法]乔治·桑:《致弗洛贝尔》,伍蠡甫等主编:《西方文论选》(下卷),上海译文出版社1979年版,第212~214页。

子教学时是存在的。

孔子认为，一切人类文化都应该纳入到礼乐中来，以礼为实现文化的方式。子夏问那三句诗夸奖美人是否太夸张了。孔子回答还是从诗句原义出发的，但很精彩，主要是解答"素以为绚兮"的含义，即素的原色是绘画的前提，只有"素"才能进行绘画，才能显示出画的文采和美丽。于是孔子用"绘事后素"来回答，即"绘事后于素"。意思是说，素是绘画的基础，绘画的过程要在素色的基础之后，绘画后才能更显示素的可贵。

这本身接触到美学的问题，也接触到文学理论的问题。子夏没有回答自己是否明白老师的意思，而是再用询问的口气说："礼乐在最后面吗？"孔子给予高度的肯定和赞美，其实这已经超出了《诗经》诗句原来的意义。子夏的意思是说，绘画完成的画面好像是人文的各种现象或礼仪形式，是最后的表现形式，因此也是人文教育最后的内容与形式。而"素"是基础，素便是淳朴的仁义之心，如果没有仁义之心为基础，一切礼仪都没有意义。

这一点孔子可能开始时没有想到，而子夏的话提示了他，这一点是更深层次的意义，即在白色的底子上才可以开始进行美妙的图画，在淳朴的心灵上才可以进行文明的教育。在一块肮脏的布料上无法画出精彩的图画，对一个心灵阴暗丑陋的人也难以进行道德的教化。如果心灵不干净，或者说龌龊卑鄙，那么再会表现礼乐又有什么用。相反，如果心灵不纯正善良，越是会表现礼乐则越是伪君子，越可怕，越可鄙。子夏的话很深刻，是很精彩的议论，也可以看出孔子实事求是不故作高深的谦谦君子的风范。

当然，这里需要对"绘事后素"的本义进行考索与分析，即很多人认为绘画最后的程序是"素"，即绘事最后素。前人对这句话的解释多与本文的解释不同，前人解释的基本意思是女人化妆在最后用素色，即化妆之事最后用素，才能美丽漂亮。还有的说古代绘画最后用素色即白色来勾画轮廓，即绘画或者化妆的最后用素色。这样解释实际不通，既与实际生活不符，与前后文的逻辑关系也不顺畅。因为无论古今，化妆都是先打粉底，然后再画其他颜色。古人化妆怎么会最后加素色呢？这是其一。古代绘画最后用白色勾画轮廓，那是画图案，不是真正的绘画。礼乐是对于人的"文化"，即文明的教育与演化，与"素朴"正相对，而"绘事"则属于文化，与"素"是相对的。文化一定要在素朴其后进行，此其二。如果从逻辑上分析，子夏问那三句诗说的是什么，子夏不会不明白那是夸奖赞美卫姜之美貌，而问的便是三句诗的象征意义，或者说微言大义是什么，于是孔子才那样回答。"绘事后素"的"绘"当指绘画，而不是指化妆，即使指化妆，也是说在素色的基础上才能画出美丽来，在好的原型上才可以画出美丽来，并不是画出美丽的最后程序是"素"。那么这句话实际便是在后字后面省略了"于"字，即"绘事后于素"的意思。

子夏的再次提问最能说明问题。"礼后乎？"没有歧义，就是说礼乐教育、礼乐仪式都是最后的程序吗？那么女人化妆、美丽与礼乐有什么关系呢？"礼"肯定不是使人"素朴"而是使人更"文化"，故"礼后乎"绝对不能解释为"'素朴'是最后"的。"绘事"等于是礼乐教化，而"素"是素朴，是原色，因此前面关于古代绘画最后用白色勾勒、化妆最后用素色的解释都与孔子师生关于"绘事后素"所表达的意义不符，是不可信的。

故可以确定他们师生对话的内涵已经发生变化，由自然人之外在美丽转化到礼乐教化上了。孔子所说的"绘事后素"可能是说要有好的容貌基础或者皮肤肤色基础才可能化妆化得如此美丽动人。而子夏的再度提问则完全转化到人的内在德行与外在礼仪风度方面了，所以孔子才会感叹自己受到启发，子夏对于诗的理解非常深刻准确了。

这样，"绘事后素"的引申意义便是在素朴洁白的底色上才可以画出美丽的图画，在洁白天真诚信的心灵上才可以培养出高尚的品格。相当于真与善的结合，即在真与善的基础上才可以产生最美丽动人的最精彩的作品。

第三节 "兴观群怨"

前面已经阐释了关于"兴于诗"中的"兴"的重要作用。孔子关于诗"可以兴,可以观、可以群,可以怨"中的"兴"本质上与前面"兴于诗"的"兴"是一致的。但仔细分析,也有一些差别,前文"兴于诗"的"兴"是强调诗歌以及类似诗歌的文艺对于人之性情感发的作用,强调主体对于诗歌的领悟与接受。这里的"兴"则是从创作主体与接受之客体两个方面来说的,并且与"观"、"群"、"怨"连在一起表述,故在这里还要进行简单的说明与阐释。

诗歌"兴"的作用有创作主体与接受客体的区别,是非常复杂的事情,尤其作为经学之一的《诗经》,这两个方面的因素都很重要。首先我们从诗歌最原始的状态来说。诗在原始的时候是与舞蹈、音乐结合在一起出现的。古人在生产劳动之余要进行休闲娱乐活动,而这种活动往往与生产、生活相联系。《吕氏春秋·古乐》篇记载:

> 昔葛天氏之乐,三人操牛尾,投足,以歌八阕:一曰载民,二曰玄鸟,三曰遂草木,四曰奋五谷,五曰敬天常,六曰达帝功,七曰依地德,八曰总禽兽之极。①

《吕氏春秋》中引用的史料比较可信,这则材料符合历史发展的规律,故为许多学者所用。葛天氏是传说中的一个古代国名,当是远古时代一个比较先进的原始部落的名称。当时的乐舞形式极其简陋古朴和原始,表演的人是三个,道具是一条牛尾巴,方式是一边跺脚为节奏,一边挥动着牛尾巴舞蹈,同时嘴里唱舞蹈所表现的内容。随着内容的变换,舞蹈的动作可能也不同。

---

① 高诱注:《吕氏春秋·古乐》,《诸子集成》第六册,上海书店影印本1986年版,第51页。

具体的歌词没有流传下来是很可惜的，但根据每段舞蹈的名目，我们可以推测出大致的内容：一曰载民，当是始祖的赞歌，"载"有开始的意思。二曰玄鸟，当是该部落的图腾，玄是黑色，玄鸟可能就是燕子。三曰遂草木，祈祷风调雨顺，使草木茂盛，便于放牧和狩猎。四曰奋五谷，当是祈祷庄稼生长茂盛，五谷丰登，于此也可推测出该部族同时进行放牧和农耕。五曰敬天常，当是指顺应自然，讲究老幼伦理。六曰达帝功，当是指按照上天的意志和要求行事，顺应自然法则，当是祭祀天神的恩德。七曰依地德，当是祭祀土地的恩德。八曰总万物之极，总祭祀万物，祈祷万物各得其所，都能幸福顺遂。

可惜的是这里的歌词都没有流传下来，这便是原始诗歌，表演者在舞蹈时一定要感情激越，非常投入，这种投入的精神便是"兴"。创作诗歌的本人首先要有兴致有感情，表演者在理解的基础上则是第二度表现。观赏者受到感染，也会激动感发。这种情绪都属于"兴"。故"兴"是感情抒发的基础和不断延续的情绪，是联结创作者、表演者、接受者的感情纽带。在"兴观群怨"中，"兴"是基础和出发点，没有兴，其他感受便都很难产生。

"观"，就"观"字本身讲，有客观性比较强之观察的意思，也有主观性比较强之观赏的意思。在《论语》中，这两种意思几乎是并重的。孔子所说的"兴观群怨"中的"观"也含有这两层意思。如孔子"听其言而观其行"（《论语·公冶长》）、"观其所以，视其所由"（《论语·为政》）等都是考察、观察的意思，是比较客观冷静的。但有的地方也有一定的主观色彩，如在《八佾》尾章说："居上不宽，为礼不敬，临丧不哀，吾何以观之哉！"① 这里在表达对某些当政者的失望，其中观察的意味很小，而我不愿意见到这样的人，我更不会欣赏他这样人的语气更重。因此，我们分析理解"观"字的时候，这两种意思都要考虑在内。

那么，在孔子提出"兴观群怨"学中，这个"观"字就要放在对于

---

① 毕宝魁：《论语精评真解》，世界知识出版社2010年版，第59页。

《诗经》的理解方面来思考了。郑玄注曰："观风俗之盛衰。"基本意思是对的，但这是从《诗经》传播与接受角度来说的，即通过诗歌可以观察风俗好坏以及盛衰。风俗之好坏，实际是由社会道德伦理以及社会政治状况的综合表现决定的。但如果从诗歌创作方面来思考的话，则包含着通过诗歌可以观察推测创作者的道德水准、见识高低等。但如果仔细分析推敲，孔子在这里提出的"观"，郑玄理解得基本准确，即通过对于某一地区某一时期的诗歌的观赏，可以了解那个地区在某一时期中风俗的厚薄以及政治的好坏。这在季札到鲁国听乐而发出的赞叹中可以得到很好的证明。

《春秋左传正义》（卷三十九）鲁襄公二十九年载：

> 吴公子札来聘。……请观于周乐。使工为之歌周南、召南。曰："美哉。始基之矣，犹未也，勤而不怨矣。"为之歌邶、鄘、卫，曰："美哉！渊乎。吾闻卫康叔、武公之德如是，是其卫风乎？"为之歌王，曰："美哉！思而不惧，其周之东乎？"为之歌郑，曰："美哉！其细已甚，是其先亡乎？"为之歌齐，曰："美哉！泱泱乎，大风也哉。表东海者，其太公乎？国未可量也。"为之歌豳，曰："美哉！荡乎。乐而不淫，其周公之东乎？"为之歌秦，曰："此之谓夏声，夫能夏则大，大之王也。其周之旧乎？"为之歌魏，曰："美哉！沨沨乎。大而婉，险而易，行以德辅，此则明主也。为之歌唐，曰："思深哉！其有陶唐氏之遗民乎？不然，何忧之远也？非令德之后，谁能若是？"为之歌陈，曰："国无主，其能久乎？"自郐以下，无讥焉。①

季札是当时贤人，几次让国。他的政治眼光很敏锐，文化水平很高，和当时天下许多大名人都有交往。他到鲁国访问，请求观赏周朝的乐，这里的"乐"是指合乐而唱的诗。这个"观"字便是孔子所说"兴观群怨"

---

① 杜预注，孔颖达疏：《春秋左传注疏》，阮元校刻：《十三经注疏》，中华书局1980年版，第2006~2007页。

之"观"字的本义。"使工为之歌周南、召南"的主动者当是鲁国负责接待的大臣。"工"则是乐工,即专门奏乐演唱的人员。还特别应该注意这里用的是"歌"而不是"奏"。"歌"便是歌唱,应该是唱"诗"的诗句而不仅仅是曲调。这样,诗句所反映的便是内容,与乐曲的旋律和曲调结合在一起构成一种效果,从而能够品味出其中的感情与情绪。通过诗歌来观察其风俗之盛衰与政治之明暗,是观的主要作用。

《礼记·乐记》说:"是故君子反情以前和其志,广乐以成其教。乐行而民向方。可以观德矣。德者,性之端也,乐者,德之华也。金石丝竹,乐之器也。诗,言其志也,歌,咏其声也。舞,动其容也。三者本于心,然后乐器从之。是故情深而文明。气盛而化神,和顺积中,而英华外发。为乐不可以为伪。"① 这种说法是对于"诗可以观"的发挥,是对孔子思想的发展。这样,孔子"诗可以观"的思想便将诗歌,将艺术审美与社会政治、道德、风俗等紧密联系起来,使其归纳于"仁学"思想的总框架里,不把艺术审美看做是可以脱离社会的"纯艺术"的活动,这是极其重要的思想与观点,使人们在对待以往艺术品的时候会注意其中的道德感情与精神状态所表现出来的情绪,从而与之产生共鸣。

诗歌既然可以观察风俗之盛衰,当然反过来也可以通过诗歌创作来影响时代、影响风俗与政治,于是在以后漫长的历史中,许多文人或政治家都自觉或不自觉地运用这一点来使文艺与社会政治发生关系。中唐时期白居易、元稹倡导的新乐府运动便是要通过诗歌创作来补察时政,泄导人情。而我们也可以通过各个历史时期的诗歌来感受那个时代的政治是否清平,人情是否厚道,我们阅读盛唐诗和晚唐诗所感受到的气息是大不相同的,如果从广义上说,都属于"观"。

"群"。孔安国注曰:"群居相切磋。"正义曰:"焦氏循补疏:案诗之教,温柔敦厚,学之则轻薄嫉忌之习消,故可以群居相切磋。"朱熹则注为"和而不流",似乎都未能真正说到关键处,与孔子说的"诗可以群"

---

① 阮元校刻:《十三经注疏》,中华书局1980年版,第1536页。

的本义不相吻合。孔安国解释的"群居相切磋"不是诗的作用,而焦循的进一步解释依旧在原地,只不过将诗联系进去,但诗的作用不仅如此。朱熹的注解也未到位,"和而不流"不是诗的作用,而是孔子提出的做人的准则。那么,孔子这里的"群"到底是什么意思?对于后世文艺思想又有什么影响?这都需要认真思考的问题。按照这几位先贤的解释,则是先有群,而后诗利于群。但孔子的原意是诗歌可以有利于人走向"群",即是诗歌使人"群",而后才可以在"群中"交往与切磋,相互提高。

要解释孔子提出的"诗可以群"的本义,就必须先理解孔子关于"群"的本义。在解释前,要注意孔子文艺思想的大前提,即"仁"的思想。"仁"字本身便是"二人",即在人群中才可以体现"仁"的道德。一个人离群索居是无法判断其品质的。离开"群"便没有"仁","仁"必须在群中才可以体现。因此要做"仁者"就必须到人群中去,就必须与人相互联系,而诗歌作为纽带,是可以起到联系他人,与他人交往的作用的,即诗歌可以起到联系人、团结人,具有一定的凝聚力的作用。

孔子认为,人不能与鸟兽同群,必须生活在人的中间。而在当时的社会中,农耕文明、自然经济与以血缘关系为纽带而形成的宗法社会结合起来,构成最主流的社会关系,每个人都生活在一定的人际关系中。这样,夫妻关系、父子关系、兄弟关系、君臣关系、师生关系、朋友关系便成为人们要面对和处理的各种人伦关系,只有在这些关系中,才可以获取幸福,才可以实行仁道。这种种关系便都是各种"群"。正是人有这样的"群",才是与动物相区别的本质特征。而在"群"中,又提倡个体之间相互关爱,提倡仁者爱人,提倡己所不欲勿施于人,提倡敬而无失,对人恭而有礼,这些思想都成为中华民族传统美德的重要组成部分。这样,孔子"诗可以群"的思想观点便有了极其深远的历史意义与影响。

孔子认为,"诗三百,一言以蔽之,曰思无邪",即诗是真实感情的表达,"诗言志",首先是诗歌创作主体表达自己的思想感情愿望与意志,而他人则可以通过诗歌了解诗人的心志,还可以通过吟诵诗歌委婉表达自己的感情愿望与心志。这样,诗歌便成为人们联系感情,进行社交活动的重要媒介。孔子曾经告诫儿子说："不学诗，无以言。"即不学习诗，便无法与人交流沟通，与人交流沟通，就是"群"的表现。孔子还告诫儿子说：不学诗的《周南》与《召南》，就好像正对着墙面而站立一样。①面对墙壁站立就是看不见人，即无法与人交流沟通的意思。可见孔子把诗作为社会交际的起点和重要手段。这最能表现"诗可以群"的意思。因此，可以认为孔子在这里提出的"诗可以群"的本义是诗歌可以起到联系人、团结人的作用，是人走向社会的重要手段。这种作用被后世的文人广泛应用，用曾子的话说，就是："君子以文会友，以友辅仁"。文的最主要形式便是诗歌。这样理解"诗可以群"的"群"字，应该比较接近孔子的本义。

"怨"。孔安国注曰："怨刺上政。"《论语正义》："郑注云：怨为刺上政。此伪孔所本。广雅《释诂》：讥谏，怨也。谏刺同。凡君亲有过，谏之不从，不能无怨。孟子所谓亲亲之意也。然必知比兴之道。引譬连类而不伤于径直。故言易入而过可改也。"②归纳上述说法，"诗可以怨"的怨是讽刺劝谏上司或前辈过失，讽刺劝谏而不被搭理或采纳，便不能不有怨气。其怨又是针对长者，不能不提，又不能直接提，便只好采用委婉曲折的方式，所以用比兴手法为最佳。而最好的形式则莫过于诗。

这方面最好的例证是初唐武则天次子李贤，在死前给母亲武则天留下瓜台诗，用比兴的手法劝谏母亲千万不要再伤害她的另外两个小儿子了。武则天有四个亲生儿子，大儿子李弘，二儿子李贤，三儿子李显，四儿子李旦。大儿子李弘已被迫害死，二儿子李贤也即将被迫死去，死前写诗一首曰："种瓜南台下，瓜熟果累累。一摘使瓜好，再摘使瓜稀。三摘四摘后，空自抱蔓归。"比兴的意义很明显。意为您辛辛苦苦生了四个儿子，杀掉一个可能对另外三个有好处，杀掉两个就显得稀少了。如果再杀掉第三个第四个，最后您便什么也没有了。武则天读后很伤心，因此以后无论怎么生气也没有再逼死两个小儿子。很明显，李贤对母亲是有怨气的，但

---

① 原文为：子谓伯鱼曰："汝为《周南》、《召南》矣乎？人而不为《周南》、《召南》，其犹正墙面而立也与？"毕宝魁：《论语精评真解》，世界知识出版社2010年版，第351页。
② 刘宝楠：《论语正义》，《诸子集成》第一册，上海书店影印本1986年版，第375页。

如果不用比兴体的诗歌劝谏，恐怕难以收到如此效果。

可见"怨"的作用主要是委婉抒发怨愤的情绪，不仅仅是对于上司长者可以用诗歌表达幽怨，对于社会的不合理现象也可以抒发怨愤之情。这方面，《诗经》中有很多例子。如《硕鼠》讽刺统治者贪得无厌，《相鼠》斥责一些人不知礼仪，没有教养，《雀巢》指斥一些人用势力抢占他人之家室，《伐檀》讽刺一些统治者不劳而获，都宣泄了弱者对社会制度不合理的不满情绪。另外，仁者行道，正义受到挫折，也可以通过抒发怨愤来排遣愁绪。孔子几次说"吾道不行"，《论语》中也多次有牢骚话，都是"怨"的表现。

应该说，孔子这里的"诗可以怨"包含着这样三种意思：一是对于上司或长者不满的委婉批评或劝谏，二是对社会不公平即不良政治的怨愤与谴责，三是自己正道直行却遭受不公平待遇的牢骚和忧愤。通过分析，便可以看出孔子是感情丰富，高扬主体人格的人，是个敢爱敢恨的人。但孔子要求人的爱与恨要控制在一定程度内，要"怨而不怒"，"乐而不淫，哀而不伤"（《论语·八佾》）。这样，在仁的总体思想的基础上，一切感情的抒发都是正当的，是健康的，是崇高的，是值得充分肯定的。这样，一切文学作品都可以宣泄作者的真实感情，可以喜，也可以怨，可以歌颂赞美，也可以批评讽刺。这种观点为文学作品抒情的自由性提供了理论支撑，对于中国后世文艺思想的健康发展有重要意义。

还要说明，如前文所言，孔子所提出的文艺思想都有一个总的前提：即以"仁"为基石，只有建立在仁的基础上的各种感情抒发才是合理的健康的。如果为一己之私而怨则是卑微的，不值得肯定的。孔子在《论语·里仁》里说："士志于道，而耻恶衣恶食者，未足与议也。"[①] 这里的"耻"便包含着"怨"的情绪，孔子认为，在生活待遇方面斤斤计较者，满腹牢骚者，不值得和他谈论真理问题。王安石在《杜甫画像》诗中说："宁令吾庐独破受冻死，不忍四海寒飕飕。伤屯悼屈止一身，嗟时之人我

---

① 毕宝魁：《论语精评真解》，世界知识出版社 2010 年版，第 67 页。

所羞。所以见公像,再拜涕泗流。推公之心古亦少,愿起公死从之游。"
"伤屯悼屈止一身"便是因为自己一身而怨,不是为社会,为"仁道"不行而怨,这样的怨是不值得肯定的。也就是说,"可以怨"的前提是道德的纯洁性与崇高性,否则就是卑微不值得一提的。

"兴观群怨"的关系。孔子一口气便说了诗歌"可以兴、可以观、可以群、可以怨",那么这四者又是什么关系呢?是并列的吗?如果从语法和语气看,是并列的。但我们不能这样来分析和理解,实际上四者有区别,也有联系,不能孤立地看待,要将四者联系起来,这样才可以理解其最基本的最真实的意义。

"兴"是对诗之内容与感情的理解与接受,是引发联想的基础,故兴是其他作用产生的基础。"观"、"群"、"怨"的感受与作用都离不开"兴","兴"本身含有"比兴"意义,即"兴"是引发联想,是由此及彼,是艺术感情的本质特征。离开"兴"的观,便与诗歌无关了。如政府或社会团体组织的社会调查或问卷,也有观的作用,但与诗歌和文艺无关。只有在对文艺作品中表达的意蕴产生共鸣后对于社会政治的思考才可以称作"观",带有强烈的主观色彩。而这种主观色彩中的幽怨,便是"怨"的一种。

"群"亦如此,那种为组织而组织的行为,如政党以及社会团体等,都与文艺无关。只有通过诗歌等文艺作品融入社会群体或拉近人际关系的行为才是孔子所说的"群",而对于诗歌或其他文艺作品的感知与接受则是通过欣赏或解读,是通过对其思想感情的感兴引发。可以这样理解,诗歌中一切应酬诗、交往诗都可以看做是"群"。"怨"和"群"联系更加紧密,"怨"的情绪往往是由于离"群"或被"群"所排斥引起的。如果我们仔细分析古今中外文学作品中的感伤情绪,有相当大比重是写离情别恨的。而表达这种感情的作品也多数容易流传,而且精品也多。江淹的《恨赋》和《别赋》便是这方面的典型作品。这样理解,"群"和"怨"几乎被捆绑在一起。

总体来说,"兴观群怨"是孔子对于诗之社会作用的高度概括,"兴"和"怨"更侧重于诗歌的个体情感抒发的功能,而"观"和"群"则侧重于诗歌在联系情感，增加人之团结方面的社会功能和所达到的社会效果。这种观点和理论对于中国后来文艺思想的形成、发展与完善是有重要意义的。

孔子提出的"思无邪"是对于古诗三百的总体评价和赞美，是对于感情真实而不虚伪的高度赞美与肯定。关于"绘事后素"的论述，直接接触到素朴与纯真之重要性，而由此引发的关于兴观群怨之说，也是在"思无邪"基础上产生的作用，这些都可以体会出孔子对于真实，对于感情真实的重视。而艺术需要真善美的高度统一，下一章我们再侧重谈谈"善"的问题。

第六章 孔子文艺观对于"善"的重视

第一节 "善"与"美"的联系与区别

在孔子之前,"美"和"善"都是好的意思,并没有明确的区别,往往是混沌不分的。但如果从文字学上看,这两个字从造字开始就既有联系,也有区别,仔细分析是很有意思的,可见汉字是很有学问的。

从文字学上看,"美"字属于"羊"部,《说文解字》:"美:甘也,从羊从大。羊在六畜,主给膳也。美与善同意。(臣铉等曰:羊大则美,故从大)"[1] "美与善同意"的解释值得注意,这是许慎的意见,他专门强调这么一句,可见汉代学者认为"美"和"善"的原始意义是一样的。段玉裁在"甘也"下进一步解释说:"甘部曰:美也。甘者,五味之一,而五味之美皆曰甘。引申之,凡好皆谓之美。"在"羊在六畜主给膳也"下面解释说:"周礼,膳用六牲,始养之,曰六畜。将用之,曰六牲。马牛羊豕犬鸡也。膳之言善也。羊者,祥也。故美从羊,此说美从羊之意。"[2]

但是有一点我没有搞清楚,"美"和"善"从字形结构上看,应该都属于"羊"部,但"善"字在《说文解字》中却属于"言",有两种写法,一种是羊字一竖拉长,两边各一个言字,一种是上边是羊,下边是

---

[1] 许慎:《说文解字》,中华书局1963年版,第78页。
[2] 段玉裁注:《说文解字段注》,成都古籍书店影印1981年版,第154页。

言，属于上下结构，但都是"羊"和"言"的组合。《说文解字》："善，吉也。从誩从羊。此与義、美同意。篆文善从言。"①段玉裁说："口部曰：吉，善也。我部曰：義，与善同意。羊部曰：美与善同意。按：羊，祥也。故此三字从羊。"②段玉裁的意见值得充分重视，我同意他的看法，即"美"、"善"、"義"三个字都是好的意思，都是从"羊"字衍生出来的文字，故应该都属于羊部。这是文字学的问题，而且"義"也是美德，符合道德的行为才能称为"義"，如果从道德层面讲，兼具美和善，即"義"既是美德，又是善举。但我们在这里不探讨"義"字，而再探讨"美"与"善"。

概括说，"羊大则美"，羊大味道鲜美，即"甘"，首先是从味觉引申来的。而"善"是从羊从言，可能是羊的叫声很温柔、很和善，没有攻击性。是从安全和谐的感觉引申出来的。段玉裁"膳之言善也"的说法则是说"善"是由于祭祀用的六牲称作"膳"而来的。这是颠倒了因果关系，应该先有"善"字，才会产生形声的"膳"字。

如果上述分析成立，我们追溯两个字产生时的最原始意义的时候，不难发现，"美"和"善"最原始的意义确实是从人们对于羊的观察与认识上产生的。羊大就肥，肉味就鲜而香，故味觉非常好，于是便称这种味觉为"美"，再通称一切好的感觉为美，逐渐将见到的适合于视觉的事物包括景物都称为美。因此美的意义逐渐偏向于视觉、触觉以及听觉，基本属于感官的感受。"善"的原始意义是羊的叫声亲善和谐，给人以安全感和亲切感，故有和谐亲切的意蕴，侧重道德心理感受，故"善"的意义偏重于给人心理的感受而不是感官的感受。这样，两字的产生都是人们从对于羊的认知与感受而来的，但"美"偏重于感官，而"善"偏重于心理，最开始的基因就有所区别，故发展为后来"善"与"美"的分别。"善"依然是道德层面的，而美依旧是感官层面的。

---

① 许慎：《说文解字》，中华书局1963年版，第58页。
② 段玉裁注：《说文解字段注》，成都古籍书店影印1981年版，第107页。

但是，在孔子之前，对于"善"和"美"还没有明确的认识，随着感情的丰富与表达能力的增强，人们对于美与善才逐渐有了区分。老子《道德经》说："天下皆知美之为美，斯恶已；皆知善之为善，斯不善已"，将"美"与"善"两个概念分别开来，并分别有其对立面。但在文艺观上并难以感知其具体所指。老子是从认识论角度指出一切事物都是辩证的相对的，并不是从感知与审美角度来说明的。在审美方面对两者进行明确区分的是孔子。

孔子对于《韶》和《武》的评价最能说明孔子对于善与美的看法。《论语·八佾》（第二十五章）："子谓《韶》，'尽美矣，又尽善也。'谓《武》，'尽美矣，未尽善也。'"①

《韶》和《武》都是雅乐，故有可比性，也最容易体会出孔子对于音乐评价的思想。首先，可以知道孔子对于音乐所表现出来的"美"和"善"是有区别的，而这种区别是可以感知、可以认识的，说《韶》"尽美矣，又尽善也"，"尽善尽美"成语便出自这里。

这样，"善"和"美"作为美学审美中的两个概念便被孔子正式提出来了。两者是有区别的，但又是有联系的。两者分属欣赏时的两种感知与心理认知。但两者又可以统一起来，并不是对立的。孔子强调善，但不排斥美。这一点，是孔子对于文艺学最大的贡献之一。而先秦诸子中有一些是严厉排斥"美"的，这一点我们在后文再进行阐释与分析。

孔子虽然虽然没有专门的文艺思想，更谈不上文学思想，但在其对于礼乐诗书的评价与讲授中可以体会出其类似的思想，即关于真、善、美关系的思想。本章虽然专门谈论古代乐曲，可以曲折看出孔子对于音乐的审美观以及关于内容与形式的观点。

对于《韶》和《武》在音乐韵律的表现上，孔子都给予同样高度的评价，都用"尽美"来形容，但对于内容则有很大差异。认为《韶》尽善尽美，《武》则"未尽善"。这种认识非常可贵，即"美"和"善"是有区

---

① 毕宝魁：《论语精评真解》，世界知识出版社2010年版，第59页。

别的，但又是可以统一的。两者兼顾才是最佳状态，才是最优秀的艺术。"善"和"美"应该完美结合在一起。但即使"未尽善"的作品依然可以是"尽美"的，即"善"和"美"各自有自己的评价体系与标准，"尽善"的不一定"尽美"，"尽美"的也不一定"尽善"。这种认识对于后世文学思想产生重要的深远的影响。

孔子虽然没有明确"善"和"美"指的各是什么，但根据所评价的对象便可以推测出来。"善"指乐曲所表现的内容，属于社会道德伦理范畴，而"美"则是指乐曲韵律包括歌舞的形式，指的是乐曲外在的形式。这样，内容与形式的关系便很明确了。中国古代文学思想始终没有离开"善"与"美"到底哪个为主，哪个更重要的论争。现代文学史上关于"为人生而艺术"与"为艺术而艺术"的论争实际也是如何处理"善"与"美"关系的论争。可见其影响之深远。

孔子主张以德治国，反对使用暴力。从孔子赞美伯夷和叔齐就可隐约看出孔子的政治态度。再从孔子赞美吴太伯也可以看出孔子提倡礼让的思想。对于商汤革命，对于武王伐纣，孔子没有做过正面的回答和阐释，也没有提出过任何反对的意见，但他对于昏君深恶痛绝。后世才逐渐出现关于商汤伐夏桀，周武王伐商纣是否合理的历史问题。因为孔子对于此事没有明确的态度，到孟子时代才成为热门话题。

但孔子在《周易正》"革"卦象辞中说："天地革而四时成，汤武革命，顺乎天而应乎人"，是对汤武革命的肯定。但此书在春秋战国时好像不被学术界重视，即使在后世也未引起学者的高度重视，因此孔子赞成汤武革命的观点并不为人所熟知。但如果从总体来看，孔子还是反对用暴力手段夺取政权的。

通过孔子对于《韶》和《武》的评价，可以知道孔子对于乐舞内容与形式是分开评价的。尽善尽美的作品才是最好的作品，而"未尽善"的作品当然就是有缺欠的，但不影响其形式的"尽美"。

还需要说明"未尽善"是说在"善"的层面没有达到最高境界，但基本倾向还是"善"的，这一点也非常关键，即如果是恶的东西，形式越华美，实质便越丑陋，危害便越大，恶绝对没有"美"可言。这是我们准确把握孔子这句话内在实质的关键。

第二节 "惩恶扬善"是艺术的主要功能

文学作品具有教育的功能，也具有社会交际的功能，而这些功能的一个重要要求就是作品本身蕴涵惩恶扬善的内涵，否则这些功能便不健康，对于社会也没有意义与价值。

首先，这是孔子文艺思想的基本要求，前文我们反复强调，孔子文艺思想的一个重要出发点就是劝善惩恶，就是推广"仁"，以是否"仁"作为是非善恶判断的核心，也是一切文艺作品优劣判断的标尺。如果不是从"仁"，从求仁，从爱人的立场出发，则一切文艺作品都没有价值，有的甚至是有害的。这就要求创作作品的主体必须是善的，是以仁义道德为作品基调的。以前有一个口号，叫做"要作革命文，先做革命人"，仔细分析，去掉政治色彩，就逻辑来说，是有道理的。一切文学作品所表现出来的思想倾向，都与作者本人的世界观、人生观有直接的联系。因此，我们理解孔子文艺思想，首先应该把握一个基本点；这就是"仁"，孔子对于中国文化史，中国思想史的最大贡献就是建立"仁学"，其美学思想、文艺思想都是"仁学"这一大学科下衍生出来的小学科。离开"仁"便不是孔子的文艺观。

艺术作品的优劣主要由三个因素构成，即真、善、美。真侧重对于原对象是否真实反映的问题，抒发感情是否真实的问题，基本属于科学范畴。善侧重惩恶扬善，教育劝谏人们走正途，行正道，是促进社会和谐友善还是促使社会分裂与仇恨的问题，基本属于伦理道德范畴。美侧重感官享受，主要是视觉、听觉等感受的舒适与快乐，基本属于感官审美范畴。这样一分析，可以知道，这三者都具备才能算是艺术品，而三者之中，承载宣传教育人们要有仁爱之心，要向善的功能主要在"善"中，因此，"善"是文艺作品必须要有的功能，劝善、惩恶扬善便是文艺作品的首要功能，也是评价文艺作品的首要标准。这是孔子留给我们的重要思想。"诗"是春秋时期最重要的文艺形式，也是孔子最重视的文艺作品，是其传授的六艺之一，又是其教导弟子涉及最多的内容之一，我们便以"诗"为主，来分析孔子关于文艺思想中"善"的内容。

《诗三百》乃当时经典，学习礼制、与人交往、行政管理以及外交都必须应用并作为依据，因此不学诗就寸步难行。而且《周南》和《召南》是春秋后期一些诸侯国地方乡校里学习的内容，相当于今天普及教育的教材，因此非常重要。在那个时代就如此注意文化知识的学习和运用，值得我们深思。因此孔子教育他的儿子孔鲤要学习《周南》和《召南》，《论语·阳货》第十章记载，一次，孔子对儿子伯鱼说："你学习研讨《诗》中的《周南》和《召南》了吗？人如果不学习研讨《周南》和《召南》，就好像正面对着墙壁站着一样啊！"①

还要指出，孔子之所以强调儿子和弟子都要学习诗，是因为通过学习诗可以增长知识，提升道德水平，实际也是重视《诗经》本身的认识功能与教育功能。诗在当时主要以培养道德提升礼乐水平为目的，并不是以文学艺术面貌出现的。

《论语·阳货》篇："小子何莫学夫诗？诗，可以兴，可以观，可以群，可以怨。迩之事父，远之事君；多识于鸟兽草木之名。"前文简析了"兴观群怨"的意蕴。这里应该注意的是"迩之事父，远之事君"，"事父""事君"是儒家强调的最重要的伦理关系，是孔子教学中德育教育的核心内容。后来长期占领统治地位的"三纲五常"思想中的三纲，其中二纲便是父为子纲、君为臣纲。可知孔子提倡诗教，大力提倡儿子以及弟子学习诗的主要目的便是培养其弟子以及后学牢固建立起伦理纲常思想。而这种思想便是仁义道德的教化，便属于"善"的范畴。当然，孔子思想中没有绝对的观念，没有儿子绝对服从父亲，臣子绝对服从君主的意识。孔

---

① 原文为：子谓伯鱼曰："汝为《周南》、《召南》矣乎？人而不为《周南》、《召南》，其犹正墙面而立也与？"毕宝魁：《论语精评真解》，世界知识出版社2010年版，第351页。

子思想中所有的伦理关系都是双向的，而且强调处在强势一方的道德修养。他提出的"君君、臣臣、父父、子子"很明显是强调国君和父亲的主导地位，同样，在现实中也要首先做自己应该做的事，要有国君和父亲的样子。"君使臣以礼"，然后才是"臣事君以忠"，因此，孔子强调学习诗可以"迩之事父，远之事君"，便是强调诗的教化功能，而这种教化功能便是由其中的"善"引发出来的。

因此可以说，孔子是用诗来进行教化，所吸收和采纳的是其中适合于当时政治、伦理方面进行正面教育的思想，故《诗三百》一直属于经学的范畴，到汉代则将其列为五经之一，成为经学中的显学，司马迁在《史记·儒学列传》所列的"五经八经师"中便有三名是《诗经》大师，可见《诗经》受重视的程度。但诗本身又具备文学艺术的特征与因素，因此对后世的文学尤其是诗歌发展与创作都产生了极其重要而深刻的影响。正是孔子如此重视《诗经》，传授《诗经》，才使《诗经》能够完整流传下来，成为经学与文学两个园地中都蔚为大观的景致。

第三节　强调文艺干预生活的功能

孔子很重视内容与形式的统一，强调内容的决定作用。他曾深有感触地说："总说礼啊礼啊，难道就是说上供美玉锦帛吗？总说乐啊乐啊，难道就是说演奏钟鼓琴瑟吗？"[①]很明显，玉帛与钟鼓只是礼乐的外在形式与外在表现，而通过礼乐仪式来唤起人的尊敬意识，亲和意识才是关键的。孔子反复强调内容与形式的统一性，没有内容的形式是没有什么意义的。因此礼乐活动的中心是内在感情的真诚而不是外在形式的华美，那么一切作品的创作关键是内在内容的真实与善良，外在的形式是第二位的。这与前文提到的"绘事后素"的观点是一致的。

---

① 原文为：子曰："礼云礼云，玉帛云乎哉？乐云乐云，钟鼓云乎哉？"毕宝魁：《论语精评真解》，世界知识出版社2010年版，第352页。

孔子在《论语·子路》篇中说："能够熟读背诵《诗三百》，而交给政治任务却不能办好；命他出使到外国，又不能专门谈判应对，即使读得再多，又有什么用呢？"①

孔子历来强调学以致用，强调学习知识和反复实践运用知识的能力。《诗经》绝非是单纯用来审美的文学作品，而是当时语言的经典，具有权威的性质。当时外交、社会交际都经常引用《诗经》中的诗句，是社会生活的特殊景观。可以推知那时的社交场合也很有文化气息。原文中的"专对"一词，指专门应对。古代外交官接受外交任务时，只接受外交的主要目的与谈判要完成的目标，但不接受具体言辞，叫"受命不受辞"，具体言辞要根据谈判情景随机应变。春秋时外交官在谈判时多采用《诗经》诗句，因此《诗经》既是当时外交官的必读书，也是各级领导干部的必读书。

对于《诗经》，孔子更是强调其在实际社会生活中运用的能力，这种能力才是关键，才是学习的目的。如果仔细体会，孔子这里提倡的实际就是"理论联系实际"，光会背诵《诗经》而不能联系自己的实际不能在实际生活中理解运用是没有意义与价值的，这不正是要求弟子们要理论联系实际吗？

《诗经》不但能够为外交官提供知识与修养，而且对于政事也具有指导和参照作用，孔子首先强调是"授之以政，不达"，即交给你行政领导的权力，却不能胜任，不能通达做好，那么学习再多的《诗经》也没有意义与价值。这也可以曲折反映出当时统治者的文化水准确实是很高的。如果我们全面阅读《春秋左氏传》的话，就会发现在许多外交场合或公共场所人们出口成章的情况。我真的很敬佩古人的文化风采，应该知道那是两千五百多年前啊！因此千万不要认为我们比古人高明多少。实际上现在官场的人可能还赶不上春秋时代上层贵族的文化水准高。我不是厚古薄今，

---

① 原文为：子曰："诵诗三百，授之以政，不达；使于四方，不能专对；虽多，亦奚以为？" 毕宝魁：《论语精评真解》，世界知识出版社 2010 年版，第 253 页。

而是实际的情况。

在官场中如何运用《诗经》不属于这本书研究的范围，但孔子与弟子灵活运用《诗经》来进行交流，共同提升其思想认识水平的实例倒很精彩。

《论语》中记载孔子与弟子讨论《诗经》最精彩的有两处，一是子贡利用《诗经》来委婉回答孔子对于自己提问的答复。一是子夏提问关于《诗经》中诗句的意义，孔子回答后，子夏再提出新的问题，在这样反复问答中升华了《诗经》原来的意义。子贡和孔子的问答在《论语·学而》篇中，是第十五章：

子贡曰："贫而无谄，富而无骄，何如？"子曰："可也。未若贫而乐，富而好礼者也。"

子贡曰："诗云：'如切如磋，如琢如磨，'其斯之谓与？"子曰："赐也，始可与言诗已矣，告诸往而知来者。"

翻译过来就是：

子贡问："虽然贫穷而不谄媚，不去巴结奉承，富裕了也不骄傲自大，趾高气扬，您看怎么样？"孔子回答说："可以了。但还不如贫穷而依然快乐，富裕后依然遵守爱好礼制。"

子贡接着说："诗中说：'就好像治理美玉、象牙等精贵器物那样，先切开原料，进行粗糙加工，然后再精雕细刻，打磨抛光。'说的就是这个道理吧？"孔子高兴了，夸奖道："端木赐啊，现在才开始可以和你讨论《诗》了，告诉你以往的知识，你就能够体悟出新的道理来。"

这是一段颇富情趣的师生对话。子贡是孔子弟子中最有实际才能的人，尤其长于外交和经济，也长于语言表达，即会说话。可能是子贡当时非常富足，但没有表现出骄气，因此向老师汇报自己的心得，多少有点自得的味道，可以体会出来，可能希望得到老师的全面表扬和高度肯定。孔子回答得非常精彩，先肯定，然后正面提出更高的标准，这就是虽然贫穷但也要乐道，虽然富有但也要遵守礼制。子贡对于老师的回答心领神会，然后用《诗经》中的话来含蓄回答老师之话的主旨，并谈了自己对于这件事的体会。子贡只是引用《诗经》的话，但并没有把话直接说出来。意思是说，《诗经》上说，要雕琢好一块美玉，就要先切后磋，再雕琢和打磨，这样才能最后成功。实际是比喻人的品德要不断修炼提高，才能到最高境界，而自己也需要不断提高，需要老师的不断教育。比喻精彩巧妙。

孔子的第二次回答也用含蓄的方式肯定了子贡的话，赞美子贡能够举一反三，悟性好。从这段对话还可以看出孔子以及弟子对于《诗经》的熟练程度。可以推测，《诗》是孔子教学中的必修课和基础课，师生都可以熟练背诵，并经常交流体会。还可以看出，从孔子教学开始，《诗经》就不是单纯的文学课，而是哲学、社会学、外交学无所不包的学问，对于《诗经》的引用，已超越原文的本来意义，而附加了更多更广泛的内容。往往采用类比的方式来说明阐释观点。其后中国诗歌中大量运用比兴手法便与这种解释利用《诗经》有关。本章实际便有"有朋自远方来，不亦乐乎"的快乐。

《论语·子罕》最后一章很有趣味，不知是谁在自言自语："蔷薇花啊蔷薇花，你摇曳多姿那么潇洒。我怎么能够不喜欢你思念你啊，只是住得太远太远了。"孔子听后，说："还是没有真正思念，如果真想，怎么会遥远？"①

本章很有意思，也可以看出孔子对于《诗经》灵活运用的情况。具体背景不清楚，可以想象出来，可能是孔子哪名学生朗诵这几句诗，本身大概有爱情的因素在其中。孔子听到后，马上发表了上面的看法。很明显，孔子这是借题发挥，用类比的方法阐述他"仁远乎哉？我欲仁，斯仁至矣"的观点，不放弃任何机会对学生进行教育。这几句诗在《诗经》中没

---

① 原文为："唐棣之花，偏其反而。岂不尔思？室是远而。"子曰："未之思也，夫何远之有？"
毕宝魁：《论语精评真解》，世界知识出版社2010年版，第188页。

有，是古逸诗。其实，朗诵诗句的人可能是思念心爱的姑娘但有碍于住处遥远或有其他阻隔，本身就已经有比兴意义了，而孔子的话则在此基础上又加以发挥，可见《诗经》在先秦时期不仅仅是抒情的手段，也是说理的方式。以上两例都是孔子师生运用《诗经》进行感情交流和人生哲理思考的具体表现。

第四节　正确处理善与美的关系

孔子是在对《韶》和《武》两则古代雅乐的评价中表现出对于"善"和"美"在审美方面的区别与联系，客观上引出对于艺术品内容与形式关系的论述，对于中国历史上文学思想中内容与形式关系如何处理有重要的影响，实际也是"文"与"道"关系的问题。这一点在后世的文学发展中具有举足轻重的地位。孔子从"仁学"出发，特别重视诗的社会教育功能和实用性，也是后世文人自觉运用文学干预生活的理论基石。

重视和强调诗歌以及艺术的"善"的内涵，并使之教化社会，是孔子对于中国历史文化的一大贡献。这种观点，具有普遍的意义。法国的波德莱尔也说：

> 一切美好、高贵的东西都是人谋的结果。作为动物的人类，在未生之前，已经吸收了为非犯罪的兴致；罪行是自然而有的，善德却是人为的、超自然的；一切时代、一切民族所以都需要神与先知来教训善德，理由就在这里。只靠自己，人们是不可能发现善德的。作恶为非，原是不费力、极自然而又不能自已的；只有善却始终是人为的产物。①

---

① 《随笔·艺术与自然》，伍蠡甫等主编：《西方文论选》（下卷），上海译文出版社1979年版，第226页。

确实如此，人类善良的品质需要教育与环境的熏陶，而教育的一个重要方面便是文学艺术的陶冶。好的文学艺术可以培养人的优秀品质，提升人的道德修养。孔子虽然没有明确的理论主张，但在他的教学与生活实践中，一直在身体力行地运用诗歌等文化手段教育和改造弟子以及能够影响的一切社会成员。

在如何对待善与美之关系方面，孔子关于言和文关系的论述便属于这方面内容。鲁襄公二十五年（前548），郑国子产到晋国出访，在回答晋国大臣质问时有理有据，而且很有文才。"仲尼曰：'志有之，言以足志，文以足言。不言谁知其志？言之无文，行而不远。非文辞不为功，慎辞哉！'"①

"言以足志，文以足言。不言谁知其志？言之无文，行而不远。非文辞不为功"的话非常值得注意，其中充满辩证关系。语言足以表达意志与思想，文采足以使语言得到充分表现。不发表意见谁能知道你的意见与想法？语言而没有文采，那么流传就不会很广很远，没有文采的言辞难以产生这种功效。语言要求正义要求善良，便是"善"，而为语言的文采，即生动准确并具有感染力则是语言能够产生广泛深远作用的要素，因此两者是相辅相成的。"文"的程度便属于"美"的程度，即形式的作用。语言是表达情志与理想的，而这种情志与理想对于社会是有益处的，即是"善"的。"文"则使这种语言有情趣，让人听后有乐趣，能够产生快感和审美愉悦。

古罗马诗人、批评家贺拉斯说："诗人的愿望应该是给人益处和乐趣，他写的东西应该给人以快感，同时对生活有帮助。……寓教于乐，既劝谕读者，又使他享受，才能符合众望。"②与孔子提倡的"言之无文，行而不远"有同样的旨趣，即诗人或者文艺作品应该给人"益处和乐趣"，"益处"实际便是劝善，而"乐趣"便是使人快乐，给人审美愉悦，前者是

---

① 杜预注，孔颖达疏：《春秋左传注疏》，阮元校刻：《十三经注疏》卷三十六，中华书局1980年版，第1985页。
② 《诗艺346》，伍蠡甫等主编：《西方文论选》（上卷），上海译文出版社1979年版，第114页。

善,后者是美。而"寓教于乐"是贺拉斯对于文艺作品之创作目的与评价标准提出的最精彩的概括。总之,文艺作品要具备善与美两种品性才是最佳效果。

孔子学说的核心是"仁学",宣传仁学,使人向善是孔子一生汲汲追求的目标。通过"言",通过"诗",通过"礼乐"都要实现这一目标,故文艺作品中首先要具备惩恶扬善的内核,其他方面才有意义与价值,这便是我们理解孔子文艺思想的前提与关键。

第七章　孔子对于文艺"美"的感悟与阐释

第一节　孔子对于审美享受的肯定

前文提到孔子是最早将美和善区分开来并进行高度赞美的人。孔子提倡"仁学",仁的本质便是在群体中关爱他人,在关爱他人的同时,对于任何个人的发展也给予关注,强调个人在感情方面在审美与艺术方面享受的合理性,将这种享受与对于礼乐制度的遵守统一起来,都在一定的范围之内。孔子在《论语·八佾》中关于尽善尽美的论述,孔子对"游于艺"和"成于乐"的提倡都可以体会出其对于艺术精神享受的高度评价与赞美,而且认为是完成最完美人格所必需的要素。这样,艺术审美享受便是正当的,而人追求美感追求艺术享受是合理的,这种观点对于中国艺术精神的发展有非常深远的意义,对于中国古典美学和文艺学的产生与发展便同样有极其深远的意义。

孔子对于音乐的热爱以及其高超的音乐造诣可能超出我们现在的想象。徐复观先生对这一点有很独到的见解,他在《中国艺术精神》第一章"由音乐探索孔子的艺术精神"中说:

> 从论语看,孔子对于音乐的重视,可以说远出于后世尊崇他的人们的想象之上;这一方面来自他对古代乐教的传承,一方面来自他对于乐的艺术精神的新发现。艺术,只有在人们精神地发现中才存在。

可以说，就现在所能看到的材料看，孔子可能是中国历史中第一位最明显而又最伟大的艺术精神的发现者。①

徐复观先生的话对我有很大启示，孔子对于音乐的热爱与下工夫钻研，确实是两个方面的共同作用。一是孔子自觉担负起传承古代优秀文化的历史责任，而在如何继承古代先进文化方面，孔子选择了周礼，实际就是周的礼乐制度。礼乐不分，乐是礼的重要组成部分，在祭祀或大型社会活动场所都需要礼乐并用。这样，如果要提倡坚持周礼，则必须全面掌握礼乐知识，并需要掌握表演的技巧。这样，就要求孔子一定要掌握古代音乐知识。其二，更主要的是孔子发现了礼乐中的人文艺术精神，在礼乐活动中，实际是对于人在遵守社会规范秩序基础上的一种美感教育，是人之精神的升华。故孔子强调"成于乐"，强调要想成为完人，必须"文之以礼乐"。

"美"字是"大羊"，最原始的意义是味道鲜美。味道香而鲜的感觉称之为美，实际在表情上也显露出"美滋滋"的样态，故这种得意满足的神情也可以称作"美"，因此说某人"看把你美的"。故把这种直觉的能够通过视觉看出来的好的事物也可以称作"美"。由味觉引申到表情样态，再引申到视觉可以看到的能够引起人赏心悦目，能够使人产生好感的所有事物都称作"美"，因此，由于欣赏"美"而产生的精神享受被后来的文艺批评家们称作"美感享受"。

孔子的美感享受多表现在礼乐方面，特别是乐的方面更直接，因为音乐本身就是通过听觉而产生审美享受的艺术形式。当年鲁国发生内乱，鲁昭公想要罢免除掉季平子未成，反而被季平子联合叔孙氏、孟孙氏的军事力量打败，鲁昭公自己流亡到国外，暂时被齐国安排在乾侯。这时，孔子来到齐国，有为鲁昭公斡旋的意图，但孔子人微言轻，可能没有产生作用。但孔子这次到齐国却有意外的收获。他在齐国听到齐国太师演奏

---

① 徐复观：《中国艺术精神》，春风文艺出版社1987年版，第4页。

"韶"的音乐，被美妙的旋律和动人的音符所感动和陶醉，居然三个月不知到吃肉的香味。他自己都感觉很奇怪，说"不图为乐之至于斯也"①，没想到音乐的快乐能够达到这种境界啊！当然，关于孔子到底是只听演奏还是学习并亲自练习过有不同的说法，我们在后文要提到。

《韶》是古代著名的乐曲，也称《韶虞》、《箫韶》，据说是虞舜传位给大禹仪式上演奏的音乐，非常悠扬高雅，雍容华贵。

《尚书·益稷》篇记载了《韶曲》的演奏背景和过程，如果仔细分析推敲的话，倒可以约略推演出虞舜向大禹交接权力时的情景。

由于原文太生涩古奥，先把演奏《韶》曲的背景简单描述一下：天子虞舜主持仪式，出席者有法官皋陶，主管礼乐的大乐师夔，尧的后人丹朱等。丹朱当时地位在大禹之上，还有百官和各部族首领，规模不小。其核心内容是先让大禹汇报治理洪水的进展情况，并研究讨论治理天下之大事。虞舜先让大禹汇报，并尽情发表意见。大禹可能心中没底，便推辞说，我没有什么好说的，我终日只想着孜孜不倦、勤勤恳恳工作而已。皋陶见状，有些着急，提示性地问大禹在干什么。于是大禹汇报说："洪水滔天"，百姓深受其害，自己艰苦卓绝，率领百姓治理洪水四年，后稷教百姓种田生产五谷，终于使百姓过上安定的日子。只有丹朱，不努力工作，享乐淫乱。于是皋陶宣布，对丹朱降职处分，和诸侯平列。

为表彰大禹治水的功劳，虞舜要求演奏最高级的《箫韶》之乐，于是夔亲自指挥演奏起来，"夔曰：戛击鸣球，搏拊琴瑟，以咏，祖考来格。虞宾在位，群后德让。下管鼗鼓，合止柷敔，笙镛以间，鸟兽跄跄。《箫韶》九成，凤凰来仪。夔曰：於！予击石拊石，百兽率舞，庶尹允谐。"②

球是石磬，是开始奏乐的信号。接着，乐师开始弹琴鼓瑟，伴随悠扬的乐曲，歌者演唱起来。先祖仿佛也来欣赏享受。宾主各在其位，大臣和诸侯都很谦让。接着演奏起笛管类的吹奏乐，夹杂着鼓的声音，又与柷敔

---

① 子在齐闻《韶》，三月不知肉味。曰："不图为乐之至于斯也。"毕宝魁：《论语精评真解》，世界知识出版社2010年版，第133页。
② 阮元校刻：《十三经注疏》，中华书局1980年版，第144页。

（类似梆子）和鸣，笙也开始响起，中间有和谐的鸟兽鸣叫的声音。当《箫韶》乐曲演奏将要结束的时候，形状参差不齐的类似凤凰形貌的最高级的笙开始演奏，出现极其美妙和谐的凤凰的鸣叫之声，乐曲的演奏在高潮过后渐渐收拍结束。就在乐曲演奏将到高潮的时候，各诸侯国带来的演员全部带上本国特有的面具开始跳舞，于是夔兴致勃勃地宣布道："我开始敲击石球打击石磬后，百兽翩翩起舞，诸位大臣配合得极其融洽，演出非常成功。"

这里特别要注意"百兽"一词，有的书解释因为乐曲的旋律太优美，艺术感染力太强，使百兽感动而舞蹈起来。徐复观先生在《中国艺术精神》第一章中说："古代既以音乐为教育的中心，而音乐本来有种感人的力量，于是在古代典籍中，便流传着许多带有夸饰性的音乐效果，及带有神话性的音乐感动神、人及其他动物的故事。在五十四年六月九日中央日报陈裕清的《纽约新闻》通信中记有音乐对动物发生了若干良好反应的记录，则'百兽率舞'这类的话，恐并非全系夸大之词。"[①]徐复观先生是强调远古时代音乐教育的重要地位，但这种观点还是难以接受的。笔者认为将"百兽率舞"直接解释为各种野兽被优美的音乐所感化，都纷纷跳起舞来，这是根本不可能的，我们现代的驯兽师要经过何其艰苦的努力才可以使一两种动物随着特定的音乐做一些简单的动作。几千年前的人们怎么会达到如此高的水平呢？

当时，实际处在各原始部落松散联盟的阶段，每个部落必有自己的旗帜，往往有自己的图腾，而绝大部分图腾是鸟兽。因此，每个部族的演员便佩戴代表本部落的部徽或是该图腾的面具，这样就会有许多佩戴不同鸟兽面具的人参加到舞蹈的队伍中来。"百兽率舞"指的大概就是这种情形。若此，这不就是中国历史上见之文献记载的最早的化装舞会吗？

顺便交代一下。《箫韶》也称《韶》、《大韶》、《韶虞》，是历史上真实出现并流传很长时间的著名乐曲。此曲当是夏朝的国歌。春秋时尚在流

---

① 徐复观：《中国艺术精神》，春风文艺出版社1987年版，第3页。

传,据《左传·襄公二十九年》载,著名的贤人吴公子季札到鲁国访问时曾欣赏周之乐舞,当观赏《箾韶》舞曲时,曾评价道:"德至矣哉,大矣!如天之无不帱也,如地之无不载也。虽甚盛德,其蔑以加于此矣,观止矣。"①

孔子在齐国可能是第一次听到《韶》的音乐,他陶醉到如此程度,一是表现孔子对于音乐的教化作用非常重视;二是对于《韶》所表现的内容非常向往,对于禅让制度,对于尧、舜、禹这些古代圣人的向往之情。看来孔子时代《韶》的演奏还是可以听到的,而且孔子也应该学会演奏此乐曲,据李斯《谏逐客书》可知战国后期还有此乐曲,但秦王嬴政不喜欢而已。这是孔子在中年时期发生的事情,可知孔子天性中具有很好的审美能力和对于音乐的敏感。除对于乐曲所表现的内容向往与欣赏外,孔子本人对于音乐也很爱好,并又很高的天赋。

孔子非常重视音乐,因为音乐是美育的重要手段,与礼同样是人文教育的重要科目,也是六艺之一。因为教学需要和实际社会活动的需要,再加上孔子对于音乐的喜爱,他曾下过很大的工夫,并取得很高的成就。

孔子对于"美"的高度肯定具有重要的意义,对于后世的美学思想、文艺思想都有开创的意义,其影响是极其深远而广泛的。

因为中国许多重要思想都形成于先秦时期,而对后世产生重要而深远影响的莫过儒、道、墨、法四家。

墨家是坚决反对音乐活动以及一切艺术活动的,将"美"与"善"对立起来,《墨子》有专门的《非乐上》与《非乐下》两篇,对于音乐以及相关活动的社会危害进行了剖析。他在《非乐上》中说:

> 今王公大臣,虽无造为乐器,以为事乎国家,非直掊潦水,折壤坦而为之也。将必厚措敛乎万民,以为大钟、鸣鼓、琴瑟、笙竽之

---

① 杜预注,孔颖达疏:《春秋左传注疏》,阮元校刻:《十三经注疏》,中华书局1980年版,第2008页。

声。古者圣王，亦尝厚措敛乎万民，以为舟车。既以成矣，曰：吾将恶许用之？曰：舟用之水，车用之陆，君子息其足焉，小人息其背焉。故万民出财，赍而予之，不敢以为慼恨者，何也？以其反中民之利也。然则乐器反中民之利，亦如此，即我弗敢非也。①

指出乐器不是从水里捞来的，也不是从土里挖出来的，而需要大量的能工巧匠来制造。这样就浪费了大量的社会劳动，就需要向百姓征收赋税，加重了百姓的负担。以前贤圣的君王也曾经向百姓聚敛，但那是用来制造船和车，对于全社会都有用，统治者可以减少走路的辛苦，百姓可以减少艰苦的劳动。这样来聚敛社会财富再反过来为社会所用，是正当的。而制造乐器以及演奏乐器是为统治者服务，百姓只有付出而已。因此，音乐活动以及一切艺术鉴赏活动都是统治者追求自己的享受而劳民伤财，对于社会和百姓是祸害，因此应当坚决反对。

制造乐器要消耗大量的社会劳动和资源，这是墨家反对音乐以及一切艺术活动的第一个理由。而演奏音乐也需要大量的青壮年担当，因此也是对社会劳动力的一大浪费。耽误了男耕女织，耽误了生产，因此也要不得。《墨子·非乐上》说：

今王公大人，唯毋处高台厚榭之上而视之，钟犹是延鼎也，弗撞击，将何乐得焉哉？其说将必撞击之，唯勿撞击，将必不使老与迟者。老与迟者，耳目不聪明，股肱不毕强，声不和调，明不转朴。将必使当年，因其耳目之聪明，股肱之毕强，声之和调，眉之转朴。使丈夫为之，废丈夫耕稼树艺之时，使妇人为之，废妇人纺绩织纴之事。今王公大人，唯毋为乐，亏夺民衣食之财，以拊乐如此多也。②

---

① 孙诒让：《墨子闲诂》，《诸子集成》第4册，上海书店影印本1986版，第155~156页。
② 孙诒让：《墨子闲诂》，《诸子集成》第4册，上海书店影印本1986版，第157页。

还有一些理由，墨子把音乐以及一切非直接生产的艺术类活动都归结为浪费社会劳动力，加重百姓负担，不是生活必需品，来坚决反对音乐以及一切艺术活动，将人们对于美的追求以及享受看做是罪恶，将"美"与"善"对立起来，非此即彼。这种观点无疑是偏激的，是不利于人类进步的。

总的来看，墨子认为，审美和艺术活动虽然也很美，确实是艺术享受，但对于生活很苦，对于饥寒交迫的百姓不但没有任何意义，反而是一种祸害，加重了百姓的负担，使百姓进一步贫困化，这曲折反映了当时社会的困境以及百姓生活的艰辛。应该指出，墨家思想代表的是社会最底层的贫苦百姓的利益，用20世纪比较流行的话语说，墨家是先秦时期无产阶级利益的代言人。

道家对于"善"与"美"也没有很明确的阐释。老子虽然提出这两个概念，但只是认识论上的解说。如果从对于音乐与美术等艺术活动的态度看，老子是反对的。《道德经》中说："五色令人目盲，五音令人耳聋，五味令人口爽，驰骋畋猎令人心发狂。"①将欣赏色彩、欣赏音乐、品尝美味、田猎等活动都视为对人有害的行为，实际是对于视觉、听觉、味觉等感官享受活动都否定了。这样，便等于把一切审美活动也就都否定了。

从《庄子》全书的思想倾向看，追求超然物外的绝对精神自由，对于后世文人抵抗社会之污浊，保持自己人格独立方面是有价值和作用的。但庄子完全不入世，仔细琢磨，有缺乏社会责任感、历史责任感的意味，故没有注意"善"的意义与价值。应该说，"美"侧重于主体感官的享受与愉悦，基本是个人化的，而"善"侧重于社会伦理道德，是要担当社会责任与义务，基本是社会化的。这样，庄子中追求个人精神的逍遥游，追求个体精神的绝对自由，而对于社会伦理道德如何关注不够，因此基本不谈"善"的问题，甚至认为一切仁义道德都是虚伪的，"善"也是虚伪的。当然这也与庄子的哲学思想有关，这是更深层次的问题，这里不多讨论。因

---

① 朱谦之撰：《老子校释》，中华书局1984年版，第45~46页。

此，孔子关于尽善尽美的提法便显得更加可贵。

孔子对于艺术美的发现与肯定具有很深远的意义。同时代的西方哲人也有类似的发现与言论，德谟克利特说："大的快乐来自对美的作品的瞻仰。"① 确实如此，美感享受是人类最高级的享受，孔子的"成于乐"其实也是这种意味。这种感受和提法与孔子欣赏学习《韶》三月不知肉味有异曲同工之妙。

第二节　孔子具有很高的音乐修养和才能

孔子对于音乐的重视与喜爱源于他对古代文化的喜爱与自觉继承的意识。中国三代文化是以礼乐为主要表现形式的。甲骨文中便已经有几处出现"乐"字。而在古代贵族学校中，礼和乐是最重要的基础课。

先简单说"礼"。前文提到礼的产生是社会的进步的重要标志，是最原始的社会规范和社会秩序的体现。随着社会不断进步，"礼"的内容不断丰富，时代不同，礼也不同。进入三代后，礼的社会功用不断强化，到春秋时期，礼更被统治者所重视。徐复观先生说："进入到春秋时代，作为当时的贵族教养之资的，却是礼而不是乐。在当时，礼乐也可以说在事实上常常不可分。但乐的观念，却远不及礼的观念显著。对礼的基本规定是'敬文'或'节文'。文是文饰，以文饰表达内心的敬意，即谓之'敬文'。把节制与文饰二者调和在一起，即能得其中，便谓之'节文'。在多元地艺术起源说中，'文饰'也正是艺术起源之一。因此，礼的最基本意义，可以说是人类行为的艺术化、规范化的统一物。春秋时代人文主义的自觉，是行为规范意识的自觉。"② 如果我们往深层思考，就能体会到礼是由少数上层人物规定而社会大多数成员都能自觉遵守的行为规范。"礼"本身便是文明的体现，是人类区别于动物的重要标志。这样，礼便是一种

---

① 德谟克利特：《著作残篇》，伍蠡甫等主编：《西方文论选》（上卷），上海译文出版社1979年版，第5页。
② 徐复观：《中国艺术精神》，春风文艺出版社1987年版，第3页。

行为艺术。当统治者组织本部族人员集体祭祀的时候，每个人都知道自己应该站立的位置，应该做什么动作。即使在日常生活中，也有礼的约束。在什么场合该如何做，都有规范和要求。这样，礼本身便是"文"，具有艺术精神在。在举行礼之活动时，很多场合要有音乐相伴，尤其举行大型祭祀、国君接待外宾、贵族招待宾客时，都有一定的音乐。这样，音乐便成为礼的重要组成部分，春秋时期有许多著名的音乐大师，实际上，孔子的音乐才能也很高，称得上大师级人物。音乐教育便是当时官学的最重要课程，是当时官学开设的必修课。《周礼·春官宗伯》载：

> 大司乐掌成均之法，以治建国之学政，而合国之子弟焉。凡有道者有德者使教焉。死则以为乐祖。祭于瞽宗。以乐德教国子，中、和、祇、庸、孝、友，以乐语教国子，兴、道、讽、喻、言、语，以乐舞教国子，舞云门、大卷、大咸、大磬、大夏、大濩、大武。[①]

《周礼》成书可能在战国时期，但对于大司乐职责的记载应该有古代文献为依据，否则也不可能记载如此明确细致。这段文字是"大司乐"条目下所记，是大司乐的工作职责与权力。

"成均"是古代京师最高学府辟雍的一个组成部分，是专门讲授乐的教学区，包括建筑与教学设施。通过这段文字可以知道"乐"是古代官学教育的重要内容。教学内容还分为"乐德"、"乐语"、"乐舞"三门，每门下面还有细目。"乐德"当是指对于与乐之内容的理解以及在演奏应该持有的严肃恭敬的态度，要庄重。"乐语"当指歌词，可惜的是这些名曲的歌词都没有流传，可能也包括音乐语言，即音乐的曲调韵律所表达的感情与意蕴。"乐舞"指奏乐时舞蹈的姿势与表演技巧。可见"乐"本身便包含政治教化、诗歌、音乐、舞蹈三项内容，三位一体。而这里的"乐语"应当也包括《诗经》。而三项中最主要的则是乐，另外两项依附于乐

---

① 《周礼注疏》，阮元校刻：《十三经注疏》卷二十二，中华书局1980年版，第787页。

曲，故音乐才是大司乐所要掌握的关键。

应该说，在远古时代的民间，诗歌、音乐和舞蹈就是三位一体的。这是先民们娱乐、庆典的重要形式。通过《吕氏春秋·古乐》所记载的"昔葛天氏之乐，三人操牛尾，投足，以歌八阕"便可以推测出当时的热烈场面。前文专门介绍过这一情况，可参看。

回到前文，从"成均"这一名称来看，也能看出音乐在古代教育中的重要地位。《国语·周语》载伶州鸠曰："律所以立均出度也。"韦昭注曰："均者，均钟木，长七尺，有弦系之，以均钟者，度钟大小清浊也。""均钟"就是统一调整钟的音调，大概相当于定调。但查阅《说文解字》对于"均"字的解释："均：平遍也。从土从匀，匀亦声。"[①] 如果从文字学来看，"均"倒应该是用土做成的。我怀疑可能最远古时代是用土做成并烧制的埙。"埙"也有"员"字，"员"字在春秋时代也发"yun"的音。这样，"埙"和"均"同韵。或者到西周初年，便已经由原来的"埙"定调，进一步发展为由木制加弦的均来定调了。"均"本来是一种定调调音的工具，"成均"便是完成这种工作，引申为成就音乐这种重要形式的部门。而我们在古代诗歌中的韵以及戏曲中的韵都与均字相关。"韵"字在先秦就出现了，《说文解字》："韵：和也，从因员声。裴光远云：古与均同，未知其审。"段玉裁对此字未置一词，不知何以故。我基本同意裴光远的意见，韵和均同义，甚至我感觉二字有先后，应该先有均字，后来因为专指声韵，故有土字旁便为音字旁。

通过上文简介，可以知道乐是古代官学教育中的核心内容之一，孔子既然要继承前代的优秀文化遗产，尤其是要克己复礼，就一定努力学习前代的礼乐制度以及专业知识，孔子是非常勤奋的，因此对于音乐下过很大的工夫。

---

① 许慎：《说文解字》，中华书局1963年版，第58页。

第三节　孔子曾下苦功学习音乐

《史记·孔子世家》载"孔子适齐,为高昭子家臣,欲以通乎景公。与齐太师语乐,闻韶音,学之,三月不知肉味。"①孔子与齐国太师谈论音乐,听到了《韶》乐,孔子学习之,竟三个月不知道肉的滋味。这里提到孔子学习《韶》乐,与《论语》记载不同。还要注意整个语序,孔子是先与齐国太师谈论音乐,应该是请教问题,而对方看到孔子之至诚,而且有相当高的音乐修养,才会给他演奏那么高雅古朴的乐曲。孔子原来只听说过而没有真正聆听到《韶》乐,因此欣赏陶醉而学习之。因为沉浸其中,才会三月不知肉味,如果只是听乐曲便三个月不知肉味,有点不可思议。而如果学习演奏则是另外的情形了,这样解释可能更合情合理。还有一句话也应该注意,即《论语》记载孔子自己在齐国闻韶后感叹道:"不图为乐之至于斯也。"这里特别要注意"为乐"一词,"为"很明显是动词,是学习或练习而不仅仅是欣赏。因此这句话中也含有孔子学习音乐的意思。这样,司马迁的记载更接近实际,就是说,孔子在齐国不仅仅是欣赏韶,而是学习韶曲之知识与演奏之方法。

《史记·孔子世家》中在"孔子学鼓琴于师襄"条目下,对于孔子学习鼓琴有更详细的记载:

> 孔子学鼓琴于师襄,十日不进。师襄子曰:"可以进矣。"孔子曰:"丘已习其曲矣,未得其数也。"有间曰:"已习其数,可以益矣。"孔子曰:"丘未得其志也。"有间曰:"已习其志,可以益矣。"孔子曰:"丘未得其人也。"有间曰:"有所穆然深思焉,有所怡然高望而远志焉。"曰:"丘得其为人,黯然而黑,几然而长,眼如望羊,

---

① 许慎:《说文解字》,中华书局1963年版,第58页。

心如王四国,非文王其谁能为此也?"①

"曲"、"数"、"志"、"人"是演奏乐曲和欣赏乐曲时的四个层次。"曲"是指曲调与韵律,"数"是指技巧,"志"是指乐曲表现的感情心志,"人"是指创作该乐曲之人的形象。前三者都好理解,最后一点有点玄,不太好理解。演奏乐曲居然能够在脑海中展现出创作者的形象,不可思议。我们不理解的东西不一定不存在,但不理解也不能强作解人,故姑且存疑。

由于热爱音乐,故孔子与乐师的交往很多。《论语·八佾》记载:"子语鲁大师乐,曰:'乐其可知也:始作,翕如也;从之,纯如也,皦如也,绎如也,以成。'"② 孔子告诉鲁国太师演奏音乐的道理,说:"演奏音乐的过程是可以知道的,开始演奏的时候,情绪饱满而声音热烈,接着韵律纯净而和谐,接着各种乐器的声音都可以清晰地分辨出来,最后乐曲悠扬,意境悠远,余音袅袅,演奏就结束了。"据《史记·孔子世家》载,孔子是周游列国从卫国返回鲁国后与太师谈的这番话。孔子晚年整理《诗经》的音乐,使雅、颂各得其所。这应当是孔子完成这项工作后与专门管音乐的朝廷官员谈自己的体会,根据音乐效果的描述,可能就是指雅乐和颂乐而言,显示出孔子对于音乐的理解和才能。

孔子对于乐师极其尊重,他曾经接待过鲁国乐师师冕,师冕是盲人,可能是孔子亲自接待并引导,到台阶处就提醒说:"这是台阶。"到坐席处就提醒曰:"这是坐席,请坐。"然后告诉在场的都有谁,谁在哪个位置。非常耐心。③ 这既体现孔子一贯的作风,也体现其对音乐家的尊重。师冕来,肯定也是谈论音乐方面的问题。

经过刻苦学习与演练,孔子的音乐才能很高,对于乐曲很精通。他在

---

① 许慎:《说文解字》,中华书局1963年版,第58页。
② 许慎:《说文解字》,中华书局1963年版,第58页。
③ 《论语·卫灵公》第四十二章,毕宝魁:《论语精评真解》,世界知识出版社2010年版,第327页。

晚年对于《诗经》音乐进行了整理,《论语·子罕》篇第十五章:"子曰:'吾自卫反鲁,然后乐正,雅颂各得其所。'"① 如果不精通则无法对于《诗经》的音乐都进行校正,使当时在天下流行的《诗经》乐曲完全统一。仅此一点就可以确定孔子音乐修养极高,既能够创作,也能够演奏。可以说,演奏音乐是孔子业余生活的重要内容。在周游列国的过程中,即使是最困难的时候,孔子依然弹琴。

《史记·孔子世家》载:

> 子迁于蔡三岁,吴伐陈。楚救陈,军于城父。闻孔子在陈蔡之间,楚使人聘孔子。孔子将往拜礼,陈蔡大夫谋曰:"孔子贤者,所刺讥皆中诸侯之疾。今者久留陈蔡之间,诸大夫所设行皆非仲尼之意。今楚,大国也,来聘孔子。孔子用于楚,则陈蔡用事大夫危矣。"于是乃相与发徒役围孔子于野。不得行,绝粮。从者病,莫能兴。孔子讲诵弦歌不衰。子路愠见曰:"君子亦有穷乎?"孔子曰:"君子固穷,小人穷斯滥矣。"②

在这种十分困难的境地,孔子还能够做到"讲诵弦歌不衰",确实需要勇气和定力,鼓琴是孔子自我调节的手段,这种情况下也是稳定弟子之情绪的手段。

孔子还会打击乐,《论语·宪问》记载,孔子在卫国时心情郁闷,便独自在屋里击磬为乐,有位背着草筐的人经过门口,说:"击磬的人有心事啊!"不一会儿又说:"见识真是浅陋啊!音调何必那么凄怆!没有人能够理解自己,自己理解就行了。水深就趟水过河,水浅就提起衣襟过河。"③ 孔子击磬肯定是表达一种心情,而一个背草筐的普通人居然能够听

---

① 毕宝魁:《论语精评真解》,世界知识出版社 2010 年版,第 178 页。
② (汉)司马迁撰,(宋)裴骃集解,(唐)司马贞索引,(唐)张守节正义:《史记》,中华书局 1959 年点校本。
③ 毕宝魁:《论语精评真解》,世界知识出版社 2010 年版,第 297 页。

出其中的意味来。我们姑且不评论听者的水平，可以肯定说孔子击磬的水平是相当高的，把自己的心情通过音乐表达出来，绝非一般人可以做到。

第四节　孔子对自然美的发现与感知

孔子对于自然美有独特的领悟与理解，实际完全是生命对于自然的感知与默契，也是人与宇宙的交流。孔子虽然没有专门的关于自然美的论述，但他用比兴的方式有过这方面的说法，最主要的是"仁者乐山，智者乐水"的说法，引发后世许多关于山水自然之美的联想与讨论，对于自然审美的发展有及其深远而广泛的影响。

《论语·雍也》第二十三章："子曰：'知者乐水，仁者乐山。知者动，仁者静。知者乐，仁者寿。'"① 大意是说，"聪明的人喜欢流水，仁爱的人喜欢山。聪明的人喜欢运动，仁爱的人喜欢安静，聪明的人生活得很快乐，仁爱的人寿命长"。

这是非常著名的论断，是对于人生境界的精彩比喻。仁者宽厚、可靠、稳定、巩固如同山岳，而聪明的智慧者敏捷、快活、灵动，喜欢不断发展变化如同流水。聪明的智者在不断处理事务之间获得乐趣，而仁爱之人心境平和，故能够长寿。将人的某种品德与山水联系起来，既有比喻的意蕴，也有回归自然的意蕴，在人类与自然日益疏远中这种回归更有意义，因此这段议论也充满审美感。

还要指出，孔子这种议论是很深刻的人生感悟，是将大自然的某些属性特征与人之性格的某些属性特征相互比照，然后精练地提取出其中最类似的一点加以联系比喻。仁者的品性特点是仁厚、稳重、宽和，始终如一，与山岳的稳固、沉重、静谧，很少变化在基本不运动或者说运动非常迟缓这一点上有相似的地方，故说仁者喜欢山，喜欢山的主要点是"静"，因为静，对于生命的消耗就少，因此说"仁者寿"，仁厚的人长寿。与此

---

① 毕宝魁：《论语精评真解》，世界知识出版社2010年版，第118页。

同理，水是流动的，变化多端的，能够随着地形的变化而尽情流淌，蒸发也快，积聚也快，仪态万千，变化无穷，与智慧之人的机灵、敏捷、好动、追求变化与发展的特征有相似点，故智者喜欢水的主要点是水的"动"。这样，孔子发现了不同品性之人与外在自然在某种方面的相似点，而随意将其比附一下。但这种认识与说法却包含着一个重要的认识方法，即格式塔心理学的"异质同构"。

格式塔心理学派认为，审美经验的形成是在"外部事物、艺术样式、人的知觉（尤其是视知觉）组织活动（主要在大脑皮层中进行）以及内在情感之间，存在着根本的统一。它们都是力的作用模式，而一旦这几个领域的力的作用模式达到结构上的一致时（异质同形），就有可能激起审美经验"①。即不同质的事物如果存在着力的作用的基本模式相似的结构，就会相互认同而使审美主体激发起一种感情的激动，这种激动不是科学的认知，也不是功利的追求，而是一种精神方面的愉悦，仿佛是在对象中体悟到了自己的精神。

不同的人在不同的自然景物中会发现与自己的精神相类似的结构方式，便会产生认同，从而产生一种愉悦感。这种感觉与科学认知无关，与功利无关，完全是一种审美，其特点便是直觉感知，主要由视觉产生。当孔子看见松柏在严冬季节尚郁郁青青时，忽然感觉那种耐寒坚韧的品性很像一些仁人志士坚持操守而不向社会的庸俗势力低头，不随波逐流的品性，于是发出"岁寒，然后知松柏之后凋也"的赞叹，实际便是一种精神方面的默契，在"后凋"方面具有相似点。这便是审美的心态，便是异质同构。

孔子在河边看到河水滚滚流淌，永不止息而一去不返，于是叹息道："逝者如斯夫，不舍昼夜！""逝者"便是过去的时间，而与流水有许多相似点，一是奔流不息，不管白天黑夜都不停留，而且过去之后便不再复返，这与时间不正一样吗？而人的生命便是时间的流程，随着几十年时间

---

① 滕守尧：《审美心理描述》，中国社会科学出版社1985年版，第36页。

的流逝，人便会衰老死去。逝去的时间与生命的年华永远不可能再回来。因此孔子的感叹意义非常深沉。这种人生感悟便是审美的心态，对于后世文艺思想产生很深远的影响。

孔子"知者乐水，仁者乐山"的几句话，揭示了人与自然相互融合的亲密关系，揭示出人与自然在广泛的样态上各自存在着某种相似的结构，从而会产生相互的感应交流，会引起感情的激动。这种在大自然中找到自我精神寄托实际便是一种宇宙精神，这种方式是审美的，艺术的，对于中国古代艺术精神与审美精神的形成乃至以后的发展有极其深远而重要的影响，是中国古代艺术精神的种子。如果从大的方面来进行思考的话，汉朝董仲舒的"天人合一"理论便与孔子的这种发现有一定的关系。从此，人与自然的关系便不再是对立的、隔膜的，而开始亲近起来。到魏晋南北朝时期，随着人文精神的解放和玄学的兴起，山水自然已经成为审美对象的主体出现在文学作品中。这种现象的出现，追根溯源，与孔子对于自然美的发现与感知是有关系的。后世在艺术审美方面成就最高的便是将自然山水美景与人之主体精神妙合无垠地结合在一起，浑然大化，无迹可求的诗歌。最具代表性的便是王维的山水田园诗，如《山居秋暝》、《终南别业》、《山居》、《积雨辋川庄作》等都是人之主体精神和自然融汇在一起的最精美的作品。如果追根溯源的话，与孔子在天地山水中发现的美都有千丝万缕的联系。

第五节 孔子文艺观的总体特征

孔子文艺观是由其社会政治观决定的。孔子思想中最主要的核心是仁学，而其思想方法的主要核心是中庸，要紧紧把握这两点，对于孔子一切有关文艺思想的理解便都不会出现根本的偏差。

仁学决定其对于文艺的肯定，对于"惩恶扬善"之内容的要求。文艺作品的首要价值便是其对于人们真诚与向善品格的培育与陶冶。孔子关于"礼云礼云，玉帛云乎哉？乐云乐云，钟鼓云乎哉"的感叹就是要求在进行礼乐活动中,更核心的是对于祖先的敬和对于礼乐制度的自觉遵守,而不是单纯的形式。对于惩恶扬善,净化社会功能,是古今中外进步文学观所共同提倡的观念。

英国诗人雪莱在《识辨》中说:

> 道德的最大秘密就是善;或者说,就是逾越我们自己的本性,而融入于旁人的思想、行为或人格中存在的美。一个人,为了止于至善,必须进行深刻而周密的想象;必须置身于另外许多人的地位上;必须与大家苦乐相共。……快乐与善,一般来说,是一个敏感而颖慧的人在他的意识中所要追求的对象,……快乐有两种,一种是持久的、普遍的、永恒的,另一种是暂时的、特殊的。功利则表现为产生前者或后者的手段。①

其实,仔细分析体味,可以体会到雪莱的观点是要求作家要站在普通人的立场上,要"与大家苦乐相共",而这种思想与孔子的"己所不欲,勿施于人"的"恕"基本内涵是一致的。

我们再把孔子审美思想以及其文艺观的主要方面简单分析与概括。孔子对于追求审美享受是肯定的,而这种审美不脱离人的精神愉悦与享受,如对于音乐的欣赏和享受,对于饮食美味的追求与享受,如《论语·乡党》中明确说孔子"食不厌精,脍不厌细",认为这种在感性基础上的美感享受是人性的一种需要,没有什么危害。这种态度与墨家坚决否定一切审美享受,否定一切音乐活动比较起来就进步多了。与道家认为以感官享乐为基本特征的审美享受是对于自然本性的戕害比较,也更符合人性的基本要求。但是孔子也看到个体在追求美感享受的时候,如果不能控制在一定的界限之内,则会伤害道德,也会伤害社会以及他人利益,这样,感性的享乐与社会的伦理道德要求便会发生一定的矛盾。为解决这一矛盾,孔

---

① 见伍蠡甫等主编:《西方文论选》(下卷),上海译文出版社 1979 年 11 月版,第 51~57 页。

子把美与善区别开来。感官享乐的追求则属于美感享受，而对于伦理道德的正面作用则属于善的范畴。一切活动和追求，都应该以美与善的统一为前提。善是基本要求，美必须在不伤害善的前提下进行，否则就是有害的，有害的事物当然也就不美了。正是在这种观念下，孔子的美学思想以及文艺观的另一个重要特征便是"中庸"。

孔子处世哲学的一条最基本的原则就是"中庸"，也是孔子看待对待评价一切事物的尺度，其美学思想与文艺观中的批评尺度也是如此。

在社会政治中。中庸就是用中，指为保持社会的和谐与稳定，在进行统治的时候，要中和，要考虑各个阶层的基本利益，照顾各个阶层的基本利益，不能偏向于某一阶层。如果出现偏颇，则社会一定会出现动荡。如果社会动荡，所有社会成员都不会幸福。因此，孔子坚决反对当权者横征暴敛，如他的弟子冉有帮助季康子实行新的收税制度，增大租税负担时，孔子非常生气地指责冉有。孔子在对待任何事情上，都是采取"叩其两端"而寻求其中间的尺度。这样理解，中庸就是中和，不是没有是非，和稀泥的意思，而是在一个国家中或一个单位里，哪怕是家里，都要采取适合于各方利益的原则，这样才能真正和谐快乐。任何方面都不要过分，过犹不及。概括说，自从社会进步划分为不同阶级不同阶层以后，社会的等级就是存在的。而且等级的存在也是合理的，是符合历史规律的。因此孔子提出"中庸"原则，要求各个阶层都自觉遵守，使各自不同阶层，在各种相互矛盾中找到最适合的中间点，使各方都没够接受。如孔子一再提倡的"彻"，即周朝天下通行的缴纳赋税的标准是十分之一。即生产者向政府缴纳十分之一收入的赋税，因为公共管理、公共设施等都需要一定的经费，缴纳一定数额的赋税百姓是认可的，是心甘情愿的，也是义务。但如果巧立名目，横征暴敛则属于暴政了。因此孔子中庸的思想具有普世意义。现在世界动荡不安，美国华尔街示威的发生，中东地区的战乱不断，都与社会分配严重失衡，不能采取中庸原则有关。孔子在《论语·雍也》篇中说："中庸之为德也，其至矣乎！"现在世界所有的统治者都应该仔细琢磨"中庸"的原则。

孔子的美学思想以及文艺观在批评尺度上则采用中庸的原则。具体表述上就是前文提到的"尽善尽美"的审美观。孔子善于将对立的因素和成分通过各自适度地找准自己的位置与适度地表现而统一和谐在一起。

这还可以在两个方面来分析。从创作主体来看，就是要把自己的感情真实抒发出来，无论是快乐还是哀伤都要有一个度，不能过分；从接受者角度来看，在欣赏艺术品时，也应该如此，不可以过分，在某一方面过分了，就会失去作品的和谐与统一。

在艺术活动中，感官的愉悦与享受是必然的，没有这种感官的愉悦与享受就不能算是艺术。这也是文明人应该有的生活待遇，因此肯定这种享受的合理性便很重要。这种感官享受应该控制在一定的程度之内，如果没有界限而一味享乐，如夏桀、商纣那样彻夜狂欢，则是应该指责与批评的。对于音乐以及一切艺术，都要求其能够适度表现自己的情感，而不能过分。孔子在《论语·八佾》中说"关雎，乐而不淫，哀而不伤"，即快乐而不过分，哀伤而不感伤。

不但在艺术创作中要如此，在艺术欣赏与艺术活动中也要如此，在现实的社会生活中也需要如此。如子路的姐姐死了，按照周礼的要求应该服丧一年，可是已经一年三个月了，子路还在给姐姐戴孝。有人告诉孔子，孔子批评子路不知礼。子路辩解说，姐姐对自己恩情太重，因此虽然丧期满，也不忍心不服丧。孔子说，死了姐姐，普通人都会悲伤，但都能遵守礼制。子路听后立即脱去丧服。可见无论什么事情都要适度。大喜大悲都伤害身体与精神，而作品也应该保持一个度，不能将感情表达到歇斯底里的程度，这便是儒家最经典的"发乎情，止乎礼义"的要求。要抒发真实的感情，但这种感情的抒发要适度，不能过分，过分便是"伤"或者"淫"。

总之，孔子美学思想以及文艺观的最主要的特征表现为两个方面，首先是注重和强调文艺的教育功能，即必须建立在仁的基础上，要有惩恶扬善的内核，要对于社会伦理道德建设有正面作用而不是反面，即为人生为社会而进行文艺以及一切艺术活动，离开"仁"的本质和向善倾向的文艺以及一切艺术活动都是没有意义的，甚至是有害的。徐复观先生在《中国艺术精神》一书中几次谈到孔子的文艺观以及艺术精神是"为人生而艺术"，是很深刻准确的见解。追求真善美和谐统一，以善作为核心和首要条件是孔子文艺观的特点。但孔子同样不排斥美，只要不违背善的原则，美同样是重要的。即使是没有达到"尽善"程度的文艺形式，同样可以达到尽美的程度。我很欣赏英国作家柯勒律治在《文学传记》中说的几句话："良知是诗才的躯体，幻想是它的衣衫，运动是它的生命，而想象则是它的灵魂，无所不在，贯穿一切，把一切塑成为一个有风姿、有意义的整体。"①良知便是社会公德，与孔子提倡的仁义道德意蕴相近。没有良知就等于没有躯体，没有躯体便没有生命，没有生命便没有其他的一切。其次，孔子文艺观的另一特征，即批评的标准是中庸，就是适度。作为已经发展到孔子时代的文明社会的社会成员，任何人都有追求感官享受的权力，这是"仁"的要求，是完整人格的要求，因此，生命个体追求艺术享受是合理的，值得肯定的。但这种追求要在一定的限度之内。如适度的欣赏歌舞，适度的田猎游玩，都是促进人身心健康的方式，但如果彻夜狂欢，游猎无度，则损害自己身体，浪费社会资源，是罪过了。包括思想感情的抒发也是如此，都要保持一个度，即"发乎情，止乎礼义"。孔子的文艺观虽然很简略，没有形成完整的体系，也缺乏系统明晰的论述，但由于孔子思想对于后世全方位的影响，因此孔子的文艺思想对后世的影响是极其深远的，而且是多方面的。最后一章我们便阐述孔子文艺观在中国文化史上的地位以及影响。

---

① 伍蠡甫等主编：《西方文论选》（下卷），上海译文出版社1979年版，第32~36页。

第八章 孔子文艺思想的地位和影响

第一节 孔子及儒学对中国文化的影响

本章是大题目,完全可以写一本厚厚的书,虽不是本书的重点,但也必须要写到,故只是点到为止而不展开,从总体影响上概括说明之。

在中国文化史上,孔子是第一位文化伟人。柳诒徵先生说:

> 孔子者,中国文化之中心也。无孔子则无中国文化。自孔子以前数千年之文化,赖孔子而传;自孔子以后数千年之文化,赖孔子以开。即使自今以后,吾国国民同化于世界各国之新文化,然过去时代之与孔子之关系,要为历史上不可磨灭之事实。故虽老子与孔子同生于春秋之时,同为中国之大哲,而其影响于全国国民,则老犹远逊于孔,其他诸子,更不可以并论。①

这种观点在其他学者著作中多有相似论述,钱穆先生、李长之先生都有类似的说法,可以说是许多先达的共识。但侧重点不同,柳诒徵先生的侧重点是在文化方面。

如果我们站在历史的高空,便可以看到以上说法的科学与深刻。没有

---

① 柳诒徵撰,蔡尚思导读:《中国文化史》(上册),上海古籍出版社2001年版,第201页。

孔子的坚持与教学，中国五千年不断的文化恐怕难以维持。正当夏、商、周三代文化面临威胁甚至灭亡时刻，孔子挺身而出，坚持克己复礼，坚持礼乐文化。

我们必须深刻认识到，孔子坚持的不仅仅是周礼，而是自从远古传承下来的华夏文化的体系，这种体系是从遥远的古代一直流传下来，至于它的起点不可而知。但到孔子生活的春秋时代，这种文化体系受到各种挑战，在前文已经详细阐释，这里不赘言。孔子坚持的文化大一统观念，到汉代被接受，并一直传承下来。

关于如何看待文化伟人的历史贡献，德国学者加百伦资在《孔子及其学说》一书中说："吾人欲测定史的人物之伟大之程度，其适当之法，即观其人物所及于人民感化之大小，存续之长短，及强弱之程度，三者之如何是也。以此方法测定孔子，彼实不可不谓为人类中最大人物之一人。盖经过二千年以上之岁月，至于今日，使全人类三分之一于道德的、社会的、及政治的生活之点，全然存续于孔子之精神感化之下也。"[①]

时间是两千多年，人数是全人类三分之一，范围是道德的、社会的、政治的，还包括教育的、伦理的。如此长的时间，如此多的人数，如此多的精神生活的方面，如此深刻的精神文化与人格魅力的浸染，难道还不是最伟大的人物吗？孔子的影响力在中国历史上是绝无仅有的。

应该说，中国人口便占全人类的五分之一，而东南亚文化圈中，孔子的影响也非常大，孔子的影响现在已经扩散到全世界，在各大洲建立的"孔子学院"虽然不是真正学习和研究孔子的学术院校，只是借用孔子这张名片而已，但也极大提升了孔子的知名度，现在的所谓知名度便是影响。而孔子以及儒学的影响最直接而且最主要的是汉代武帝时期的"罢黜百家，独尊儒术"政策。下面我们便把视角转向孔子死后到汉武帝时期孔子以及儒学的命运。

[①] 转引自柳诒徵撰，蔡尚思导读：《中国文化史》（上册），上海古籍出版社2001年版，第201页。

第二节　孔子以及儒学在汉代的影响

司马迁在《史记·儒林列传》开头一段话中概括叙述孔子对于儒学的开创之功以及对于汉代学术以及文化的奠基作用。

> 夫周室衰而关雎作，幽厉微而礼乐坏，诸侯恣行，政由彊国。故孔子闵王路废而邪道兴，于是论次诗书，修起礼乐。适齐闻韶，三月不知肉味。自卫返鲁，然后乐正，雅颂各得其所。世以混浊莫能用，是以仲尼干七十余君无所遇，曰"苟有用我者，期月而已矣"。西狩获麟，曰"吾道穷矣"。故因史记作春秋，以当王法，其辞微而指博，后世学者多录焉。
>
> 自孔子卒后，七十子之徒散游诸侯，大者为师傅卿相，小者友教士大夫，或隐而不见。故子路居卫，子张居陈，澹台子羽居楚，子夏居西河，子贡终于齐。如田子方、段干木、吴起、禽滑釐之属，皆受业于子夏之伦，为王者师。是时独魏文侯好学。后陵迟以至于始皇，天下并争于战国，儒术既绌焉，然齐鲁之间，学者独不废也。于威、宣之际，孟子、荀卿之列，咸遵夫子之业而润色之，以学显于当世。
>
> 及至秦之季世，焚诗书，阬术士，六艺从此缺焉。陈涉之王也，而鲁诸儒持孔氏之礼器往归陈王。于是孔甲为陈涉博士，卒与涉俱死。陈涉起匹夫，驱瓦合适戍，旬月以王楚，不满半岁竟灭亡，其事至微浅，然而缙绅先生之徒负孔子礼器往委质为臣者，何也？以秦焚其业，积怨而发愤于陈王也。
>
> 及高皇帝诛项籍，举兵围鲁，鲁中诸儒尚讲诵习礼乐，弦歌之音不绝，岂非圣人之遗化，好礼乐之国哉？故孔子在陈，曰"归与归与！吾党之小子狂简，斐然成章，不知所以裁之"。夫齐鲁之间于文学，自古以来，其天性也。故汉兴，然后诸儒始得脩其经艺，讲习大射乡饮之礼。叔孙通作汉礼仪，因为太常，诸生弟子共定者，咸为选

首,于是喟然叹兴于学。然尚有干戈,平定四海,亦未暇遑庠序之事也。孝惠、吕后时,公卿皆武力有功之臣。孝文时颇征用,然孝文帝本好刑名之言。及至孝景,不任儒者,而窦太后又好黄老之术,故诸博士具官待问,未有进者。

及今上即位,赵绾、王臧之属明儒学,而上亦乡之,于是招方正贤良文学之士。自是之后,言诗于鲁则申培公,言尚书自济南伏生。言礼自鲁高堂生。言易自菑川田生。言春秋于齐鲁自胡毋生,于赵自董仲舒。及窦太后崩,武安侯田蚡为丞相,绌黄老、刑名百家之言,延文学儒者数百人,而公孙弘以春秋白衣为天子三公,封以平津侯。天下之学士靡然乡风矣。①

上面大段引用司马迁的话,因为这段话是孔子死后到西汉武帝时期儒学历史的最简明最权威的叙述。"夫周室衰而关雎作"一段是描述孔子所以强调坚持"克己复礼"的缘由以及周游列国到处推行其政治主张的情况,对于孔子的理想与社会责任心有深刻的理解。最后提到孔子笔削春秋的深意,尤其是"以寓王法"一语,非有真知灼见者不能道,非有真知灼见者不能解。孔子著春秋而乱臣贼子惧是很多学者都清楚的观点,但孔子更主要的目的是为后世提供"王法",即周天子之王法,代天子进行历史审判并进行最后的判决。这种判决是历史政治的,并非法律的。应该看到,汉代武帝时期,六经中的《乐经》已经失传,另外五经中,对于汉代政治以及法律影响最大的是《春秋》,董仲舒便是治《春秋公羊传》的大师,汉代许多立法都借用《春秋》中的一些标准,前文已经提到过。孔子虽然在政治上没有成功,但是在文化上、学术上尤其是在政治学术方面受到后世的普遍关注。成为汉代学术的源头。

"自孔子卒后"一段则叙述孔子死后弟子遍布天下而产生重要影响的

---

① (汉)司马迁撰,(宋)裴骃集解,(唐)司马贞索引,(唐)张守节正义:《史记》,中华书局1959年点校本,第3115~3118页。

情况。是战国时期孔子思想以及儒学的命运走向。在秦始皇焚书坑儒之前,儒家学说在与其他学说的争论中一直处于比较受重视的地位,而且出现许多儒学大师。"故子路居卫,子张居陈,澹台子羽居楚,子夏居西河,子贡终于齐"几句将孔子身后几大高徒到处弘扬儒学的情况概括得十分简明。

"及至秦之季世"叙述秦朝焚书坑儒的暴政对于儒家学者的摧残,如果仔细推敲,秦始皇当时打击的重点确实是儒家学说,因为儒家学说中很多思想不利于他建立大一统的郡县制国家,故秦始皇对于儒家学说以及不利于他统一天下建立大一统君主专政的国家政体都采取坚决严厉的镇压措施。陈胜大起义时,当形势尚不明朗,而陈胜并没有任何胜算的情况下,孔子后裔孔鲋便前去投靠,参加到推翻秦王朝的斗争中,司马迁认为是"以秦焚其业,积怨而发愤于陈王也。"其中蕴涵着同情与悲悯。

"及高皇帝诛项籍"一段叙述汉初稳定政权和恢复建设阶段,顾不上文化建设,文景之时又崇尚黄老之术,故儒家依然式微。

"及今上即位"一段叙述儒学受到重视,招收方正贤良之士,这些方正贤良之士便都是儒家学者了。"言诗于鲁则申培公,言尚书自济南伏生。言礼自鲁高堂生。言易自菑川田生。言春秋于齐鲁自胡毋生,于赵自董仲舒"便是后世学者经常提到的"五经八经师",从此儒学被确定为主流意识形态,儒家思想被确定为官方思想,儒家学者被确立为国家教授,儒学思想一统天下的格局开始形成。后来尽管在以前儒学为基础建立统治思想的体系中,夹杂着许多王霸思想,与纯正的儒家思想有出入的一些杂家思想,但最主要的成分依然是儒家的。尽管后来的一些学者对儒家学说进行利用,搞了很多谶纬之学和附会的学说,但这不是儒家思想的问题,而是政治问题。我们不多做讨论。但在汉代以后,儒家思想便基本成为官方的意识形态,虽然各个朝代出现许多问题,但作为统治思想来说,还是儒家的。

第三节　儒学笼罩下的汉代文艺观

汉代文学尚未自觉，属于儒学的附庸地位。故其文艺思想都散见于对五经的阐释之中。下面我们分别看看《汉书·艺文志》中对于五经中每经流传以及其中相关文艺观的总评。

> 《易》曰："宓戏氏仰观象于天，俯观法于地，观鸟兽之文，与地之宜，近取诸身，远取诸物，于是始作八卦，以通神明之德，以类万物之情。"至于殷、周之际，纣在上位，逆天暴物，文王以诸侯顺命而行道，天人之占可得而效，于是重《易》六爻，作上下篇。孔氏为之《彖》、《象》、《系辞》、《文言》、《序卦》之属十篇。故曰《易》道深矣，人更三圣，世历三古。及秦燔书，而《易》为筮卜之事，传者不绝。汉兴，田何传之。讫于宣、元，有施、孟、梁丘、京氏列于学官，而民间有费、高二家之说，刘向以中《古文易经》校施、孟、梁丘经，或脱去"无咎"、"悔亡"，唯费氏经与古文同。①

这是对《易经》产生以及流传的简短说明，孔子所作的十篇关于易经的文章通常称之为"十翼"，其中散见一些文艺观以及对文艺观有影响的观点。

> 《书》曰："诗言志，歌咏言。"故哀乐之心感，而歌咏之声发。诵其言谓之诗，咏其声谓之歌。故古有采诗之官，王者所以观风俗，知得失，自考正也。孔子纯取周诗，上采殷，下取鲁，凡三百五篇，遭秦而全者，以其讽诵，不独在竹帛故也。汉兴，鲁申公为《诗》训故，而齐辕固、燕韩生皆为之传。或取《春秋》，采杂说，咸非其本

---

① 《二十五史》，上海古籍出版社、上海书店 1986 年缩印本，第 527 页。

义。与不得已,鲁最为近之。三家皆列于学官。又有毛公之学,自谓子夏所传,而河间献王好之,未得立。①

这是对于《诗经》在汉代建立学官以及流传的情况描述,"诗言志,歌咏言"成为中国古代文学批评理论的重要话语。与孔子关于诗歌理论的基本思想是一致的。

古之王者世有史官。君举必书,所以慎言行,昭法式也。左史记言,右史记事,事为《春秋》,言为《尚书》,帝王靡不同之。周室既微,载籍残缺,仲尼思存前圣之业,乃称曰:"夏礼吾能言之,杞不足征也;殷礼吾能言之,宋不足征也。文献不足故也,足则吾能征之矣。"以鲁周公之国,礼文备物,史官有法,故与左丘明观其史记,据行事,仍人道,因兴以立功,就败以成罚,假日月以定历数,借朝聘以正礼乐。有所褒讳贬损,不可书见,口授弟子,弟子退而异言。丘明恐弟子各安其意,以失其真,故论本事而作传,明夫子不以空言说经也。《春秋》所贬损大人当世君臣,有威权势力,其事实皆形于传,是以隐其书而不宣,所以免时难也。及未世口说流行,故有《公羊》、《穀梁》、《邹》、《夹》之《传》。四家之中,《公羊》、《穀梁》立于学官,邹氏无师,夹氏未有书。②

《春秋三传》在西汉只有《春秋公羊传》和《春秋穀梁传》立于学官,是官办的学科,而《春秋邹氏传》和《春秋夹氏传》因没有列入官学而失传。《春秋左氏传》虽后出但因为得到古文经学派的重视,就看《春秋左氏传》的传承名单便可以看出其在东汉时期受重视的程度,"左丘明→曾申→吴起→吴期→铎椒→虞卿→荀卿→张苍→贾谊→贾嘉→赵人贯公→贯长卿→张敞、张禹→尹咸→翟方进→刘歆→贾徽→贾逵→郑众、马融→服虔、郑玄。"③ 贾逵、马融、郑玄都是古文经学大师,他们的重视使《春秋左氏传》后来居上,成为三传中流传最广、最受重视的学术。《春秋

---

① 《二十五史》,上海古籍出版社、上海书店1986年缩印本,第528页。
② 《二十五史》,上海古籍出版社、上海书店1986年缩印本,第528页。
③ 见毕宝魁、卞地诗:《国学基础二十四讲》,东北大学出版社2010年版。

左氏传》中亦散见一些关于文学艺术的观念。

> 传曰:"不歌而诵谓之赋,登高能赋可以为大夫。"言感物造端,材知深美,可与图事,故可以为列大夫也。古者诸侯卿大夫交接邻国,以微言相感,当揖让之时,必称《诗》以谕其志,盖以别贤不肖而观盛衰焉。故孔子曰"不学《诗》,无以言"也。春秋之后,周道浸坏,聘问歌咏不行于列国,学《诗》之士逸在布衣,而贤人失志之赋作矣。大儒孙卿及楚臣屈原离谗忧国,皆作赋以风,咸有恻隐古诗之义。其后宋玉、唐勒;汉兴,枚乘,司马相如,下及杨子云,竞为侈俪闳衍之词,没其风谕之义。是以杨子悔之,曰:"诗人之赋丽以则,辞人之赋丽以淫。如孔氏之门人用赋也,则贾谊登堂,相如入室矣,如其不用何!"自孝武立乐府而采歌谣,于是有代赵之讴,秦楚之风,皆感于哀乐,缘事而发,亦可以观风俗,知薄厚云。序诗赋为五种。①

这是对于由《诗经》到赋之流变原因的阐释,对于《诗经》的认识作用与观风功能的看法与孔子的思想接近。

柳诒徵先生在《中国文化史》中《关于两汉学术及文艺》一章开头有一段话概括很精练:"周、秦之学术思想,至两汉而结局。凡汉人之所从事,大抵为古人作功臣,不能特别有所创造。然因古代文明之递嬗,亦能于保存之中演为新制,而国基大定,疆域辽廓,又足以生国民宏大优美之思想,未可概以因袭鄙之也。……姑就著于世者,比而论之,其学术文艺,犹有千门万户之观。是可知汉人于吾国之文明,既善继往,兼能开来,非如后之言汉学者,第以经义训诂为一朝之学也。"②

总之,汉代的学术深受孔子思想的影响,这种影响又辐射到文学艺术

---

① 《二十五史》,上海古籍出版社、上海书店1986年缩印本,第531~532页。
② 柳诒徵撰,蔡尚思导读:《中国文化史》上册,上海古籍出版社2001年版,第352页。

方面，而中国以后之学术思想基本以汉代为开端，故孔子关于文学艺术以及审美方面的只言片语便产生很大的影响。

到唐代，经过魏晋南北朝将近四百年的分裂后，至隋唐时期，重新恢复统一，人们的精神面貌焕然一新。到初唐，开始进行意识形态建设，太宗李世民下诏配享孔庙人员的名单，"左邱明、卜子夏、公羊高、穀梁赤、伏胜、高堂生、戴圣、毛苌、孔安国、刘向、郑众、杜子春、马融、卢植、郑元、服虔、何休、王肃、王弼、杜元凯、范甯等二十有一人，并用其书，垂于国胄。既行其道，理合褒崇。自今有事太学，可与颜子俱配享孔子庙堂。"（《左邱明等二十一人配享孔子庙诏》）① 清一色的儒家学派的学者，可见唐代在恢复文化建设的过程中，将儒家学者列为朝廷提倡和尊崇的主要对象。再以中唐时期学者柳冕在给朋友的信件中的两段话看后人是如何推崇孔子文艺观的。

柳冕在《与徐给事论文书》中说："文章本于教化，形于治乱，系于国风；故在君子之心为志，形君子之言为文，论君子之道为教。《易》云：'观乎人文，以化成天下。'此君子之文也。"② 其文学思想之主要点正是文学艺术要有教育功能，要对于提高社会道德，转变社会风气有助益。同是柳冕，在《答荆南裴尚书论文书》中说得更明确：

> 夫天生人，人生情；圣与贤，在有情之内久矣。苟忘情于仁义，是殆于学也；忘情于骨肉，是殆于恩也；忘情于朋友，是殆于义也。此圣人尽知于斯，立教于斯。今之儒者，苟持异论，以为圣人无情，误也。故无情者，圣人见天地之心，知性命之本，守穷达之分，故得以忘情。明仁义之道，斯须忘之，斯为过矣；骨肉之恩，斯须忘之，斯为乱矣；朋友之义，斯须忘之，斯为薄矣。此三者，发于情而为礼，由于礼而为教。故夫礼者，教人之情而已。③

---

① （清）董诰等编：《全唐文》卷751，中华书局1983年版，第99页。
② （清）董诰等编：《全唐文》卷751，中华书局1983年版，第5356页。
③ （清）董诰等编：《全唐文》卷751，中华书局1983年版，第5357页。

不必解释，其基本点完全是孔子思想。

柳冕在中国文学史以及文学思想上都不是重要人物，但他的思想观点却是汉代以后一直到清朝灭亡近两千年的历史中主流文艺思想的缩影。

第四节　孔子文艺观的核心内容与贡献

下面我们再回头整理一下思绪，将孔子文艺观的主要点归纳整理出来，再简明说明其对后世之影响。

孔子思想对于中国以及东方各国，近现代以来对于全世界都有重要影响，故其中包含的文艺观也同样以多种方式产生影响，这些影响是广泛的、深刻的、长久的。下面我们将其概括一下，以清眉目。

第一，孔子明确提出"兴于诗，立于礼，成于乐"的思想，在人们进行礼乐活动的过程中注入人之精神的愉悦感，礼乐活动并不是完全被动的，尤其是"乐"能够使人理性的快乐，是发自内心的崇高感与成就感。这种快乐不是功利带来的，而是发自内心的精神愉悦，实际便是处在审美状态。在这种普遍的礼乐活动中发现审美愉悦，发现艺术精神，并在长期的教育中将培养这种修养作为教育的最高目标，是孔子非常伟大之处。他要求弟子要"文质彬彬"，回答子路提问时，提出要想成为最完美人格必须"文之以礼乐"，把审美享受与艺术精神纳入人们的日常生活与人格塑造中，实际便是将个体追求艺术享受追求精神生活的高雅合理化，是人文精神的体现。李泽厚先生说：孔子"明确地肯定审美和艺术是人类物质精神文化中不可否定的珍贵的组成部分，是促进个体与社会的和谐发展的重要手段，赋予了他的美学以一种鲜明的人本主义精神。这一点，不但从使审美和艺术摆脱远古宗教崇拜的束缚来说是一个巨大的进步，就是在今天来看，也仍然有不可忽视的重要价值"。李泽厚先生虽然是关于孔子美学思想的论述，但对于理解孔子文艺观来说，基本精神是一致的，依然非常有参考意义。

第二，孔子在大力提倡克己复礼的过程中，建立自己的"仁学"体系。用"仁"解释礼，用人内在情感的需求来阐释外在的冷冰冰的礼的内核，将仁和礼联系起来，统一起来。在这个原则下，提出"志于道、据于德、依于仁、游于艺"的观点。"依于仁"是更具体的要求，一切行为与思想都不能离开"仁"，这样，礼乐活动不能离开仁，人们一时一刻也不应该离开仁，"君子无终食之间违仁，造次必于是，颠沛必于是"。于是，仁便成为一切精神活动的内核。宣传仁道，弘扬仁道便是孔子文艺观的核心。徐复观先生认为是"为人生而艺术"，我很赞同。

第三，提出"尽善尽美"的观点，将善和美明确区分开来，但又将两者统一在一起。前文提到过，孔子是最早将劝善与审美分开，并提出虽然"未尽善"，但却是可以"尽美"的，这种观点对于后世文学批评的尺度把握影响非常重大，即内容基本健康，形式很完美便是好作品。用韩愈的话说就是"大醇而小疵"依然可以肯定。

第四，关于"质胜文则野，文胜质则史。文质彬彬，然后君子"的论断虽然不是针对文艺的，但对于后世文艺思想却有重要影响。即如何处理内容与形式关系的问题。

第五，对于古诗三百"思无邪"的评价提出文艺创作要抒发真情实感，反对矫情虚伪，提倡真实反对虚假的观点。关于《诗经》可以兴观群怨的提法，关于学习诗要能够实际运用的观点，都是很科学很进步的文艺观。

第六，孔子评价《诗经·关雎》时说的"乐而不淫，哀而不伤"便成为如何抒发感情，如何表现作品，如何欣赏作品的标尺，即抒发喜怒哀乐的感情而不要过分，要保持在一个适当的程度——"中庸"原则。实际本质是把个人感情的抒发自由与社会人群能够接纳的程度结合在一起，既保证个体感情生活的自由，又不脱离群体，脱离群体便无法行仁，也无法享受仁。其后中国诗学、文学观中便有"温柔敦厚"，"发乎情止乎礼义"的要求和理论。建立"中和"的审美观与艺术精神。

徐复观先生对于孔子艺术精神以及文艺观的影响有一段精彩的论述，

本人以为可以清楚看到孔子文艺观对于后世影响之大的脉络，故录下作为本书的结尾。

  孔门为人生而艺术的精神，唐以前是通过《诗经》的系统而发展；自唐起，更通过韩愈们所奠基的古文运动的系谱而发展。这都有得于如前所述的，孔子对文学的启示。同时，为人生而艺术，及为艺术而艺术，只是相对地便宜性的分别。真正伟大地为艺术而艺术的作品，对人生社会，必能提供某一方面的贡献。而为人生而艺术的极究，亦必会归于纯艺术之上，将艺术从内容方面向前推进。所以古文文学运动，一开始便揭举"文以载道"的大旗，而其最后大师姚姬传，在其《古文辞类纂》中，把文之"所以为文者"，会归到"神理气味，格律声色"八种艺术性的要求之上。最后更应当指出，由孔门通过音乐所呈现出的为人生而艺术的最高境界，即是善（仁）与美的彻底和谐统一的最高境界，对于目前的艺术风气而言，诚有"犹河汉而无极也"之感。但就人类艺术正常发展的前途而言，它将像天体中的一颗恒星样的，永远会保持其光辉于不坠。①

是的，孔子像天体中的一颗恒星样的，永远会保持其光辉于不坠。
孔子的思想像天体中的一颗恒星样的，永远会保持其光辉于不坠。
孔子的文艺思想也像天体中的一颗恒星样的，永远会保持其光辉于不坠。

---

① 徐复观：《中国艺术精神》，春风文艺出版社1987年版，第35页。

后 记

  在辽宁大学和东北大学开设"国学基础"课程多年，讲授过程中越来越感觉孔子对于中国国学的影响太深刻、广泛、久远，五经中任何一经离开孔子都没有办法讲授，各个朝代的文学作品离开孔子也难以讲解深透。在文史哲的各门学科中到处有孔子思想的存在，于是下决心走入孔子的世界，走入孔子的心灵，与之共呼吸，同命运。

  最近几年，时常设身处地思考孔子的言行举止，有朦胧不清之处便再读书思索。而记载孔子之思想及事迹最权威最可靠者莫过于《论语》，于是把《论语》作为突破口进行一年多的近似痴狂的钻研。凡是所有注解以及前贤之解说都难以服人之处，便昼思夜想，晨练时也边背诵边思考边揣摩。确实有"处若忘，行若遗，俨乎其若思，茫乎其若迷"的感觉。一度春秋，著成《论语精评真解》一书，世界知识出版社 2010 年 2 月给予出版。其后继续思索研究孔子，自报文艺学"211"工程子项目"春秋转型时期孔子的礼乐思想及文艺观"，经过批准而立项，于是披星戴月，夙兴夜寐，读书思考，思考读书，将近一年，终于完稿，基本完成自己设计的初衷。

  十天前，在 9 月 27 日，因呼吁重新确定祭孔的日子，蒙好友吴相洲先生提议推荐，在 9 月 28 日博客文化专栏以及其他专栏首页都推出了这个话题，而又为此开设了个人的"微博"。忽然感觉孔子在今天依然有极高的感召力。为让今人更加了解孔子，普及《论语》，我每天选择《论语》中的经典章句在微博发表。只要一发表这项内容，不到半分钟，立刻就会出现"粉丝"，三五名，七八名，十几名不等，但每次必有。有几次，凌晨起来，天未亮，需要等一会儿再出去晨练，于是便在微博上发表几条论语，立刻引来"粉丝"。我很惊诧，这么早，就有人关注微博，关注孔子。孔子是为我拉来"粉丝"的最重要的人物，恐怕没有一个古人有如此人格魅力。忽然感到我在尽心尽力宣传孔子，宣传国学，宣传传统美德，而孔子在冥冥中也在培养我，帮助我。因此，感觉自己最近三年专心致志研究孔子研究论语是非常必要的。我注释完全部《论语》，感觉自己的人生境界提升很多。写完本书，感觉自己对于文艺理论的理解提升很多，尤其是对于孔子文艺观的全面理解，对于精髓的把握，都有很大提升。

感谢辽宁大学文学院前任院长高凯征先生和现任院长胡胜先生，他们对本选题的立项和写作给予大力支持，才可以使本选题顺利完成，使本书顺利出版。但愿本书能给读者诸君带来一些启迪，对于理解孔子文艺思想有一定的帮助。

毕宝魁

2011 年 10 月 10 日于三千斋

图书在版编目（CIP）数据

重大历史变革时期的文学演变：春秋转型时期孔子的礼乐思想与文学观/毕宝魁著．—北京：文化艺术出版社，2012.8
（社会转型与文学研究丛书／高楠主编）
ISBN 978-7-5039-5437-5

Ⅰ.①重… Ⅱ.①毕… Ⅲ.①孔丘（前551～前479）—礼乐—文艺思想—研究 ②孔丘（前551～前479）—文学思想—研究 Ⅳ.①B222.25②I209.25

中国版本图书馆CIP数据核字（2012）第179921号

重大历史变革时期的文学演变
——春秋转型时期孔子的礼乐思想与文学观
（社会转型与文学研究丛书）

主　　编	高　楠
著　　者	毕宝魁
责任编辑	蔡宛若
装帧设计	李　鹏
出版发行	文化艺术出版社
地　　址	北京市东城区东四八条52号　100700
网　　址	www.whyscbs.com
电子邮箱	whysbooks@263.net
电　　话	（010）84057666（总编室）84057667（办公室）
	（010）84057691—84057699（发行部）
传　　真	（010）84057660（总编室）84057670（办公室）
	（010）84057690（发行部）
经　　销	新华书店
印　　刷	国英印务有限公司
版　　次	2014年11月第1版
	2014年11月第1次印刷
开　　本	700毫米×1000毫米　1/16
印　　张	12.75
字　　数	200千字
书　　号	ISBN 978-7-5039-5437-5
定　　价	26.00元

版权所有，侵权必究。印装错误，随时调换。